公路与桥梁施工技术及管理探索

王大丰 王嘉勇 张海亮 ◎著

中国出版集团

中译出版社

图书在版编目（CIP）数据

公路与桥梁施工技术及管理探索／王大丰，王嘉勇，
张海亮著 . -- 北京：中译出版社，2024.1
　　ISBN 978-7-5001-7718-0

　　Ⅰ . ①公… Ⅱ . ①王… ②王… ③张… Ⅲ . ①公路桥
-桥梁施工-施工管理-研究 Ⅳ . ①U448. 145. 1

　　中国国家版本馆 CIP 数据核字（2024）第 033180 号

公路与桥梁施工技术及管理探索
GONGLU YU QIAOLIANG SHIGONG JISHU JI GUANLI TANSUO

著　　者：　王大丰　王嘉勇　张海亮
策划编辑：　于　宇
责任编辑：　于　宇
文字编辑：　田玉肖
营销编辑：　马　萱　钟筏童
出版发行：　中译出版社
地　　址：　北京市西城区新街口外大街 28 号 102 号楼 4 层
电　　话：　（010）68002494（编辑部）
邮　　编：　100088
电子邮箱：　book@ctph. com. cn
网　　址：　http://www. ctph. com. cn

印　　刷：　北京四海锦诚印刷技术有限公司
经　　销：　新华书店
规　　格：　787 mm×1092 mm　1/16
印　　张：　12
字　　数：　239 千字
版　　次：　2024 年 1 月第 1 版
印　　次：　2024 年 1 月第 1 次印刷

ISBN 978-7-5001-7718-0　　定价：　68.00 元

前　言

进入 21 世纪以来，我国的经济发展较快，交通运输业迅猛发展，在我国大力支持互联网技术和科技创新政策的推动下，运输业的规模庞大，现有的交通网络已不能满足日益增长的运输要求，所以公路建设不断加大。随着公路建设技术的日趋成熟，公路建设的质量也得到了较大完善，理论结合实践使我国公路施工技术取得较大发展。

公路交通以其灵活、快捷、方便、机动、覆盖面广、通达深度深、可达性好等特点，成为现代综合交通运输体系的重要组成部分。公路建设项目如期完成离不开有效合理管理，只有注重公路工程项目的管理作用，才能最大限度地减少公路建设过程中的失误，提高公路建设质量。公路工程管理是一项复杂的系统工程，不同的工程项目，所采取的管理措施也不同，因此，公路工程管理者不仅要遵循系统、科学的工程管理办法，而且要与时俱进，大胆求新。加强公路工程管理工作，对施工中各个方面严加控制，提前做好应对措施，保证公路工程顺利进行；同时，管理者还需要在公路工程中总结经验教训，深入研究公路工程管理方法，完善公路工程施工过程，从而提升公路工程施工效率，促进我国公路工程的快速发展。

本书是公路工程施工技术和管理方向研究的著作，主要是对高速公路与桥梁的建设施工技术和管理实践的内容进行探索。本书从高速公路的概念特征、规划设计等建设的基础理论出发，论述了公路与桥梁工程的施工技术，包括路基路面施工技术、绿化景观施工技术、高速桥梁施工技术、沿线设施施工技术等内容，然后对高速公路施工建设的标准化管理进行了具体探讨，最后介绍了公路工程建设的施工现场管理和质量管理。本书致力于探索公路工程施工的技术，提升公路施工管理水平。本书可为公路工程建设管理人员提供参考。

本书在撰写过程中难免会有不足之处，敬请广大读者批评指正。

目　录

第一章　高速公路建设的基础理论

第一节　高速公路的概念及特点

一、高速公路的概念

（一）高速公路定义

高速公路是指"能适应年平均昼夜小客车交通量为 25 000 辆以上，专供汽车分道高速行驶并全部控制出入的公路"。高速公路一般能适应 120km/h 或者更高的速度，要求路线顺畅，纵坡平缓，路面有四个以上车道的宽度；中间设置分隔带，采用沥青混凝土或水泥混凝土高级路面，为保证行车安全设有齐全的标志、标线、信号及照明装置；禁止行人和非机动车在路上行走，与其他线路采用立体交叉、行人跨线桥或地道通过。四车道高速公路应能适应将各种汽车折合成小客车的年平均日交通量 25 000~55 000 辆；六车道高速公路应能适应将各种汽车折合成小客车的年平均日交通量 45 000~80 000 辆；八车道高速公路应能适应将各种汽车折合成小客车的年平均日交通量 60 000~100 000 辆。

（二）高速公路背景

20 世纪 30 年代，西方一些国家开始修建高速公路，60 年代以来，世界各国高速公路发展迅速。高速公路是经济发展的必然产物。

第一，高速公路适应工业化和城市化的发展。城市是产业与人口的集聚地，其汽车的增长远比乡村快得多，成为汽车的集聚中心，因此，高速公路的建设多从城市的环路、辐射路和交通繁忙路段开始，逐步发展、延伸，构成网络，成为城市间交通运输道路骨干。

第二，汽车技术的发展对高速公路建设提出客观要求。目前，汽车已成为人类社会必不可少的交通工具，因此，需要高速公路等基础设施的完善，汽车的轻型化和载重化是两大发展趋势，前者要求速度保障，后者要求承载力，而高速公路恰能使二者有机结合。

（三）高速公路分类

高速公路按其功能可分为城市内部高速公路和城市间高速公路两类；按其距离长短可分为近程高速公路（500km 以内）、中程高速公路（500～1000km）和远程高速公路（1000km 以上）三类；按其布局形式分为平面立体交叉高速公路、路堤式高速公路、路堑式高速公路、高架高速公路和隧道高速公路。

二、高速公路的特点

高速公路设计行车速度，在野外大多按地形的不同，分为 80km/h、100km/h、120km/h 和 140km/h 四个等级；通过城市大多采用 60km/h 和 80km/h 两个等级。高速公路在郊外大多为四或六车道，在城市和市郊大多为六或八车道，甚至更多。路面现多采用磨光值高的坚质材料，以减少路表液面飘滑和射水现象。路缘带有时用与路面不同颜色的材料铺设。硬路肩为临时停车用，也须用较高级材料铺设。在陡而长的上坡路段，当重型汽车较多时，还要在车行道外侧另设爬坡车道。必要时，每隔 2～5km 在车行道外侧加设宽 3m、长 10～20m 的专用临时停车带。

高速公路与铁路或其他次要公路相交，可修筑分离式立体交叉；当与其他重要公路相交而转弯车流较多时，应修筑互通式立体交叉。在高速公路两旁适当地点，应修筑集散道路以及加速和减速车道，以控制汽车进出高速公路。

高速公路通过城市时，大多沿城市周围的环道绕过，如有必要穿过城市交通繁忙地区，为减少车辆拥挤、废气和噪声污染，多修成高架式、路堑式或隧道式，有时还要修筑多层式立体交叉或天桥，形成立体交通网。

高速公路的中央分隔带较窄，则须于其上设置防眩板或防护栅。高速公路上应设置夜间能发光或反光的交通标志牌。中央分隔带和渠化岛的边缘以及路面标线上均宜镶设反光器，桥梁、隧道、立体交叉以及城市地区设置大型照明设备。高速公路沿线每隔一定距离要设置收费站、加油站、公用电话、停车场、饭店和旅馆等服务设施。在高速公路交通繁忙地区，可设置交通监视中心，整个地区车辆运行情况，由摄像机传到荧光屏，据以指挥交通，还可利用无线电将信息传送给汽车驾驶员。当路上发生交通事故时，监视中心可派巡视车或直升机到现场进行处理。

高速公路是专供汽车分向、分道高速行驶并全程控制出入的干线公路，是为直达、快速运输服务的汽车专用公路，与普通公路相比，有以下特点：

一是采取全封闭管理。道路两侧用铁丝网和隔离栏等设施将公路封闭起来，并在出入口进行控制，严禁人、畜、非机动车和设计速度较低的机动车进入。

二是采用全立交，提高通行能力，减少运行事故，保证直达运输畅通无阻。

三是设有中央隔离带，每侧至少有两个车道，汽车分向、分道行驶，互不干扰。

四是沿途设有综合服务设施、安全监控及通信设施等，以保证汽车行驶安全、快速。

五是不直接通过城镇，在通往城镇处设立分流道，通过支线进入城镇。

六是行车速度快。由于高速公路上无平面交叉路口，来往车辆各行其道，互不干扰，汽车可以快速行驶。另外，高速公路的设计速度一般为 100~120km/h，甚至更高，在线形设计上也保证了汽车可以安全快速通行，使汽车的高速性能得以充分发挥。

七是交通流量大。高速公路的交通流量比普通公路大得多，一般有隔离带的四车道路面，车辆的日通行量为 3 万~5 万辆。

八是设计合理，行车舒适安全，交通事故少。由于路面及线形设计科学、合理，平、纵面曲线协调完美，采用交叉形式，视觉效果良好，安全管理、服务设施完善，汽车运行条件十分优越。因此，在高速公路上行车比在一般公路上舒适、安全，交通事故也较少，事故发生率和死亡率为普通公路的 1/3 和 1/2。

各国高速公路里程一般只占公路总里程的 1%~2%，但其所担负的运输量占公路总运输量的 20%~25%。高速公路造价高，用地多；但行车速度高，通行能力大，交通事故率小，故其投资费用一般只需要 7~10 年即可收回，由于其所节约的行车费用和运行时间，以及所减少的行车事故，而具有良好的社会效益。

因此，许多国家当交通量发展到一定程度时，只要财力许可就修建高速公路。高速公路通常采取分段分期办法修建，以避免积压资金。资金来源除国家投资或资助外，还采取由私人集资的办法筹集资金，定期若干年内收取过路费，期满后收归国家管理。

三、高速公路建设在经济发展中的作用

高速公路是一个国家或地区现代化水平的重要标志之一，高速公路以其高速、安全、舒适、经济的优点在整个公路网中起着主干线的突出作用。公路运输事业快速发展，尤其是高速公路的大量兴建，对促进经济和社会的发展起着越来越重要的作用。

（一）高速公路的重要性和特征

高速公路的特性是交通量较大、运输性能极高，和一般公路相比，其对促进社会交通事业的发展有着极其重要的政治意义和经济意义。对于这一重要特性，高速公路对行驶的车辆也有很高要求，主要表现在限速行驶、汽车专用、快慢车道分离行驶、分隔行驶、封闭管理、人车分流等方面。为了保障高速公路车辆的交通安全行驶，其设计标准水平起点也比一般公路高许多，除了交通规划完善、分隔明确、路标指引明确、交通控制管理设施

和美化、绿化设施、道路划分标准以外，还装备很多人性化服务设施，给行车人在旅途中创造舒适、愉悦的环境和人性化的保障。高速公路的人性化服务给运营优势提供了充分的条件，主要体现为高速的行驶状态能提高高速公路的运输能力，让汽车运输时间缩短，从而降低油耗和车损，将运输成本控制在可接受范围之内。

完善的高速公路网络对促进各项交通运输事业的发展有很大帮助，尤其给拖挂运输、大型重载汽车运输、冷冻运输、集装箱运输等特殊服务提供了极大的便利，推动了各项运输事业的良性经济循环。此外，高速公路使用自动化电子监控体系完成了高度严密分流、分隔控制和对车型交通的限制，这样可以有效提高高速公路行驶的安全性，减少事故发生率，一定程度上保障了人们的生命财产安全。

与海运和空运相比，高速公路运输拥有运输环节方便、转装便利、商品流通速度高等特点，不会发生挤压货品的现象，在一定程度上使商品流通速度加快，促进了社会工业的进一步开发，使工业格局更加合理、优化，使城乡合作加快深化，全面带动了沿线区域经济向着更高、更快、更强的趋势发展，并且也让拥挤的路况得到改善，使城市交通压力得到进一步缓解。

（二）高速公路对经济发展的作用和影响

公路建设与经济发展之间存在密切关系，两者相互影响、相互制约。具体说来，公路建设对国民经济的拉动作用包含以下内容：第一，高速公路建设投资对国民经济的直接拉动作用；第二，公路建成后对公路运输业和经济社会发展的拉动作用。下面将着重从以上两方面对公路建设和经济发展的关系展开论述。

1. 高速公路建设投资对国民经济的直接拉动作用

众所周知，投资在经济社会发展活动中一直扮演非常重要的角色，它对经济稳定增长、社会总需求与总供给平衡、产业结构优化升级、对地区经济协调发展、经济增长方式的根本转变、抑制通货膨胀和防止通货紧缩、实现充分就业等，都起着不可替代的作用。投资具有创造需求和创造供给的双重功能，从这个角度考察，公路建设作为一项大型基础设施建设投资对国民经济的拉动作用十分巨大，主要表现在以下两方面：

其一，公路建设本身就是一个新的经济增长点。回顾我国经济建设和发展历程，像工业、商业、建筑业等国民经济支柱产业，在不同历史时期均受到了党和国家领导人的高度重视。而作为基础产业的交通运输业，尤其是公路交通，在我国长期的建设实践中，一直是我国国民经济的瓶颈产业，发展相对滞后。20 世纪 90 年代以后，国家调整了产业政策，加大了对公路建设投资的力度，使公路建设取得了惊人的建设成就，呈现良好的发展态势，有力地促进了经济发展，成为一个新的经济增长点。

其二，公路建设是一项关联性很强的基础设施建设投资。首先，公路建设投资，形成了巨大的生产需求，给我国传统的机械工业、建材工业、石化工业等产业开辟了广阔的市场空间，为这些产业的发展注入了新的生机，拉动了这些产业的快速发展。其次，公路建设也给我国汽车工业带来了良好的发展机遇，我国汽车工业的产值连年递增，就是一个很好的例证。最后，公路建设也带动了我国第三产业的发展。一些宾馆、饭店、小卖部以及各种娱乐场所依路而建，为广大的沿途居民创造了无限商机，带动了地方经济的发展。公路建设必将为相关产业的发展注入新的活力。

2. 公路建成后对公路运输业和经济社会发展的拉动作用

高速公路建设提高了我国商品和货物流通的速度和效率。公路运输在我国的运输体系中具有不可替代的作用，与其他运输方式相比，公路运输具有灵活、快捷、方便、可直接到达目的地等若干方面的优势，在我国运输体系中扮演着极其重要的角色。高速公路建设的加强，可以使商品和货物流通的速度大大提高，从而节省运输成本和时间。从微观来讲，提高了企业的经济效益。从宏观来讲，提高了国民经济的运行质量。

我国高速公路的持续快速发展，使公路基础设施总体水平实现了历史性跨越。主要公路运输通道交通紧张状况得到明显缓解，长期存在的运输能力紧张状况得到明显改善。高速公路的发展，大大缩短了省际和重要城市之间的时空距离，加快了区域间人员、商品、技术、信息的交流速度，有效降低了生产运输成本，在更大空间上实现了资源有效配置，拓展了市场，对提高企业竞争力、促进国民经济发展和社会进步都起到了重要的作用。今天，高速公路的速度和便利也已经走进了平常百姓的生活，正在改变着人们的时空观念和生活方式。

第二节　高速公路规划与建设

一、高速公路规划的意义、任务及原则

（一）高速公路规划的意义

高速公路规划的目的是根据规划区域社会经济的发展和公路交通客货流分布的特点，科学预测交通量，提出高速公路发展的总目标，并根据规划确定路线的控制点和分期实施建设步骤，提出确保实现规划目标的政策与措施。

高速公路规划的重要意义概括如下：

一是高速公路规划是我国公路网规划的重要内容。

二是高速公路规划可以起到合理利用资金，加快高速公路建设发展的作用。

三是高速公路的合理规划将有利于促进综合运输网的合理构成，使高速公路建设更好地结合地区的社会经济发展，促进经济繁荣。

总之，通过对高速公路网络的合理规划，合理确定路线布局，恰当安排建设顺序，能够避免高速公路建设决策和布局的盲目性、随意性和重复性，使高速公路建设适应国民经济发展的需要，同时使管理工作趋于程序化、规范化和科学化。

（二）高速公路规划的任务

高速公路规划是对规划区域的公路网络进行合理布局。高速公路网络是区域公路干线网系统的主骨架，做好高速公路规划，既是区域干线公路网的重要内容，也是区域交通运输系统规划的重要组成部分。高速公路规划是公路建设中的重要前期工作，是进行公路网宏观规划与决策的有力支持系统。高速公路规划的主要目的在于：通过系统分析公路现状，科学预测交通需求，合理搞好线路布局，恰当安排建设序列，避免高速公路建设决策和建设布局的随意性、盲目性及重复性，使高速公路建设适应社会经济发展的需要，同时使管理工作趋于程序化、规范化和科学化。

高速公路规划的主要任务如下：

一是通过深入细致的调查研究，系统地分析和评价现有公路交通状况。

二是根据区域社会经济发展与公路交通客货流分布特点，科学预测交通量发展趋势，提出高速公路发展的总目标和总布局。

三是对高速公路路线走向及重要控制点的选择制订出多种布局方案，通过比较，从中选优。

四是在布局优化的基础上，再根据规划期内建设资金、路网交通量分布及路线的地位、功能与作用等条件，合理确定各条路线、路段分期实施的建设顺序。

针对高速公路规划实施过程中面临的资金、技术等重要问题，需要在前期的可行性研究工作中进行详细的研究和论证；同时，对高速公路的规划实施提出基本对策与措施，最后通过高速公路规划实施可能产生的各种影响（正面或负面）的全面分析，对高速公路规划方案做出技术、经济、社会、环境影响等方面的综合评价。

（三）高速公路规划的原则

1. 先行于社会经济发展原则

高速公路是国民经济的重要基础设施，是发展社会主义商品经济的主要环节和必要条件。在进行高速公路规划时，要对区域的土地利用、社会经济发展及城镇布局规划等进行全面了解和预测。只有超前规划和建设，搞好战略性的长远规划，才能提高交通建设的连续性和系统性。也就是说，要按照社会经济发展的未来总目标要求，提出高速公路规划先行于社会经济发展的战略思想，由此制定出高速公路规划的总体布局。

2. 系统协调与长远发展原则

高速公路规划必须与区域内外的公路运输及其他运输方式视为相互联系的有机整体，彼此相互协调；同时，在规划高速公路过程中要有"高瞻远瞩、合理布局、科学安排"的思想，这样就能避免建设决策以及建设布局的随意性、重复性及盲目性。

3. 工程经济性原则

高速公路建设占地多、投资大、造价高，在制订规划时，应注意在满足发展目标、技术要求的前提下，尽量珍惜土地资源，节约建设费用，使规划方案具有良好的工程经济性。

4. 环境保护原则

规划中要注意施工过程中的环境保护和运营时的汽车废气、噪声污染和路面污水排放导流等问题。

二、高速公路规划的内容、方法及程序

（一）高速公路规划的内容

1. 公路网现状分析与评价

对高速公路规划涉及区域的自然地理条件和特征、社会经济发展水平、综合交通运输格局等做出宏观系统分析，特别是对现状公路网的等级、交通现状、建设与管理状况等应进行详细调查和剖析，并做出评价。

2. 社会经济发展趋势预测

通过对规划区域的自然资源及生产力布局、城镇及人口分布、产业结构与经济发展水平的充分调查与综合分析，运用多种方法对社会经济发展的总趋势和新特点做出科学预

测，指出在规划期内公路运输将面临的新形势和客、货流状况，并明确因此可能产生的新变化和新特点。

3. 公路交通量预测

在对区域社会经济发展趋势的分析和预测基础上，研究综合运输与社会经济发展的相互关系。依据历史资料采用多种方法建立不同的数学模型，对规划区内的综合运输量、旅客运量和流向、大宗货物流量和流向及公路运输工具等一一做出预测，其中尤以公路运输为重点。

4. 高速公路布局优化

根据社会经济发展，紧密结合生产力布局、城镇分布及公路网现状特点，依据一定原理，对高速公路路线走向及重要控制点选择做出多种布局方案，通过比较，从中选优。

5. 高速公路规划分期实施

在高速公路布局优化的基础上，根据规划期内建设资金、路网交通流量分布及路线地位、功能、作用等条件，对布局规划优化方案中的各条路线、路段等做出建设序列安排。

6. 实施高速公路规划的对策与措施

针对高速公路规划实施过程中面临的资金、技术、材料及其他重要问题，须在其前期的可行性研究工作中进行详细的研究和论证；同时，应该对高速公路规划实施的管理体制提出基本对策与措施。

7. 高速公路规划的综合评价

高速公路规划的综合评价主要包括技术评价、经济评价、社会发展影响评价、国防安全评价、环境影响评价等。通过对高速公路规划实施可能产生的各种影响进行全面分析，对高速公路规划方案做出综合性的评价。

8. 跟踪调整

由于高速公路规划实施周期长，在这期间，经济发展速度、生产力布局、投资结构或国家有关政策发生变化，会导致运输结构和公路交通需求与预期情况不符，致使路网结构、规模及路线等级对运输需求的适用性发生变化。此时，应区别情况，对所做规划进行全网、区域、局部或个别路线路段的调整，以便充分利用有限资源，使运输供给最大可能地满足运输需求的变化。

（二）高速公路规划的基本方法

高速公路的规划属于公路网规划的范畴，因此，高速公路建设可以借鉴公路网的规划方法，而且国内外已有很多成熟的公路网规划方法。由于交通专业的很多教材都有公路网规划方法介绍，关于规划资料的调查、调查方法及其他的规划方法等内容可以参考相关教材，这里只简单讲解规划方法中较为成熟的四阶段法。

四阶段法的核心思想以调查得到的路网现状 OD 矩阵为基础，并预测未来客货流的分布，进行路段交通量的分配，最后根据路段上的交通量对高速公路规划方案进行设计。交通量预测分为四个主要阶段：

第一，预测远景年规划区域内各个小区的交通发生量。

第二，以各规划区交通 OD 现状调查资料为基础，分析预测远景年份区域交通分布情况。

第三，在区域交通分布预测结果的基础上，进一步分析确定各种运输方式承担的运量。

第四，根据交通量分布预测结果，按照一定方法分配到小区间的各条公路上去，最终获得规划高速公路上各个路段的交通量。

（三）高速公路规划的基本程序

高速公路规划涉及社会经济、交通运输、工程技术、运筹学原理等，是一项复杂的系统工程。必须从制定规划目标开始，以区域交通运输现状分析为基础，根据交通量预测，确定合理的发展规模和建设系列安排，并对规划方案进行综合评价。

三、高速公路建设

（一）高速公路建设基本程序

高等级公路建设有细致的分工和广泛的外部协作关系，一条高速公路从计划建设到竣工交付使用，要经过许多阶段和环节。这些阶段和环节有机地联系在一起，有内在的规律性和客观必然的先后顺序。高速公路一般的建设过程要经过调查和勘测，设计并编写概算、施工、竣工验收等阶段。其基本程序如下：

1. 根据可行性研究，编制设计任务书

可行性研究，是在公路建设项目决定之前，对建设项目上与项目有关的各项主要问题进行比较细致的调查分析，然后提出多种比较方案，从技术、经济、物资设备等不同方面对各个方案进行比较，在分析、研究、比较的基础上，选出最佳方案，提出可行性研究报告。可行性研究是建设项目决策的基础和依据，是科学地进行建设、加快工程进度、缩短工期、提高工程效益的重要手段。

做了可行性研究后，即可根据可行性报告，编写设计任务书。设计任务书是确定基本建设项目、编制设计文件的主要依据。由公路建设管理部门会同勘测、设计单位编制，经交通主管部门批准后报计划部门审批。

公路工程设计任务书一般包括以下内容：

①建设目的和依据。

②建设规模，包括路线、桥梁长度、起讫及主要控制点。

③建设标准，如线路等级、路面等级、桥梁宽度等。

④技术水平和经济效益，如建成后的通行能力、载重标准、结构形式、微观和宏观经济效益等。如果是改建工程，还应说明对原有公路的利用情况。

⑤水文、地质、材料、燃料、动力、运输等协作条件。

⑥占用的土地。

⑦防震要求。

⑧建设工期。

⑨投资控制数及资金来源。

2. 设计和编制概预算

设计是从技术和经济上对计划建设工程的全面规划，是具体指导工程建设的蓝图。在计划任务书被批准后，即可委托设计单位进行设计。公路工程的设计按照单项投资的多少和技术的繁简程度分为一阶段设计、二阶段设计和三阶段设计。

工程概预算是表明建设工程全部建设费用的文件，是设计文件的一个重要组成部分。交通主管部门根据批准的概预算编制基本建设计划，建设银行根据概预算控制工程拨款。工程概预算不仅对于精确地确定投资计划、控制建设费用、加强用款监督、进行财务结算有重要的作用，而且对于促进建设单位和施工单位合理使用人力、财力、物力，改善经营管理，降低成本，提高工程效益也有重要的作用。工程概预算包括如下内容：

①总概预算：是关于建设项目全部建设费用的计算文件，由各个分项概预算汇总编制而成。

②分项概预算：是建设项目内一个单项工程的建设费用的文件，如某公路工程中的某座桥梁、涵洞、隧道等。根据工程数量、工程单价、设备使用数量和设备使用价格及间接费用定额编制。

③其他工程和费用概算：是不能在分项工程中分摊的各项工程和费用的计算文件，如建设场地的准备费、完工后的清理费、建设单位的管理费等。

3. 列入年度基本建设计划

建设项目，必须有经过批准的初步设计和总概算，并经过计划部门综合平衡，在资金、材料和施工力量有保证的情况下，才能列入年度基本建设计划。年度基本建设计划是确定年度基本建设任务和进行建设拨款的依据。

4. 施工

工程列入年度计划后即可开始招标，由中标单位开始施工准备；如果公路部门自己施工，列入年度计划后，即可开始施工准备，在施工图设计获得批准和准备就绪后开工。开工要有开工报告。公路工程的地下工程和隐蔽工程，不论由公路部门自己施工或招标承包，开工后都要特别注意做好原始记录，并经检验合格后进行下一道工序。施工一定要严格执行公路施工规范，确保工程质量，不留隐患。

5. 竣工验收，交付使用

公路工程按设计文件规定的内容完成，能正常交付使用后，就可进行验收。

竣工验收是全面考核公路工程建设成果、检验公路工程质量的重要环节，对于确保工程质量、及时交付使用、发挥投资效益、总结经验教训、提高施工水平有着重要作用。所有公路工程在完工后都必须验收。正式验收前，建设单位要组织设计单位、施工单位进行交工验收，即初验，并提出交工验收报告，留给竣工验收单位。经过交工验收，符合设计要求后，即可绘制竣工图表，编制竣工决算，进行竣工验收，并办理交接手续。

竣工决算是计算工程施工实际耗费的全部费用。通过决算可以分析概算执行情况，考核资金使用效果。如果在竣工验收时因特殊情况，可暂缓提交竣工决算，但必须提交劳力、材料、施工机械的使用消耗和财务开支的实际统计资料，并于验收后尽快补报。

（二）高速公路建设管理

高速公路建设管理是以高速公路工程项目为对象，对其建设过程中的所有活动进行决策、计划、组织、协调和控制的过程。从上述高速公路建设程序可看出其管理分为广义和狭义两种。广义的高速公路建设管理包括对高速公路项目前期工作、施工建设过程和项目后评价的全过程管理，属于交通主管部门进行的具有一定行政性质的宏观调控管理工作；而狭义的高速公路建设管理，则是对公路工程项目从准备施工到竣工验收全过程中，有关具体业务进行的管理，属于各种经济利益主体对高速公路建设有关经济活动进行的微观经济管理。

第三节　高速公路的设计

一、高速公路的技术标准

所谓公路的设计标准，就是在公路设计时为使各断面组成的线形要素之间保持相互均衡而制定的技术标准。不同的道路等级具有不同的技术标准，等级越高技术标准越高，而高速公路为最高。对于一个设计路段，设计标准应尽量保持一致。

（一）高速公路技术标准

1. 设计车辆

①原因：设计道路最基本的目的就是使车辆能在其上行驶，所以，设计车辆是高速公路设计的重要依据之一。

②定义：是设计所采用的代表性车型。

③如果实际车辆尺寸与设计车辆不一致时，则以规定的设计车辆外廓尺寸、重量、转动特性等特征作为道路设计依据。我国的汽车种类很多，随着改革开放和汽车市场的日益国际化，汽车品种会不断增加和变化，设计车型应能代表这些汽车中的大部分。为了更好地做到这一点，设计车型实际上并不一定是某一种具体牌号的汽车，其外形尺寸往往是虚构的，但能代表某一类的汽车。

④作用：主要用于制定公路设计各项控制指标，其外形尺寸直接影响公路的平面设计，如曲线半径、车道宽度、弯道加宽、视距及净空高度等。设计车辆的动力性能则与纵断面的最大纵坡、坡长有关。

⑤几种设计车型：在设计时，必须考虑远景汽车交通的情况及有关指标的变化。目前，我国高速公路在设计时主要按小汽车和中型载重汽车考虑。小汽车主要从视距要求考虑，而中型载重汽车主要从外形尺寸和动力性能考虑，考虑到集装箱运输的发展，半挂车也应作为主要设计车型。

2. 设计车速

汽车在道路上以一定车速行驶，除了车辆本身要有良好的性能外，还要求道路提供相应的技术保证。行驶速度不同，对道路的要求亦不相同，因此，道路设计前所确定的计算行车速度是道路设计的一项重要依据。

（1）设计车速的定义

设计车速是公路设计最基本的设计依据。设计所采用的车速，称为计算行车速度，也称设计车速，它是在条件良好、交通量小、路面干净的条件下，中等技术水平的驾驶员在道路受限制部分能够保持安全、舒适行驶的最大速度。

（2）设计车速的确定

计算行车速度值会影响道路的规模，并影响道路建设投资。

①设计车速的确定考虑了汽车行驶的实际需要和经济性，是汽车行驶要求与经济性平衡的结果。

②汽车的行驶要求表现为汽车的最高时速，即汽车的机械性能所能达到的最高速度。不同车辆的最高时速是不同的。公路的设计车速不可能也没有必要达到这一速度，但应尽量满足汽车机械性能的发挥。

③汽车行驶的经济性要求表现为汽车的经济时速，即汽车的机械损耗和燃油消耗为最小的车速，汽车越接近经济时速运营费用越低。但通常经济时速较低，从时间效益考虑，通常驾驶员不会追求以经济时速行驶。因此，设计车速应该是最高时速与经济时速之间的一个速度。

（3）设计车速的取值

设计车速（计算行车速度）的取值要根据道路类别、级别、地形特征等具体情况决定，并在道路设计规范或技术标准一类文件中有所规定。远离城市的公路设计车速相对较高，而市郊公路的设计车速则相对较低；公路等级高，则多考虑行车要求，公路等级低，则多考虑经济性；平原区公路工程实施较容易，设计车速定得较高，山岭区地形起伏，工程实施困难，设计车速定得较低。

3. 高速公路设计车速

①高速公路一般选用 120km/h 的计算行车速度；当受条件限制时，可选用 100km/h 或 80km/h 的计算行车速度；对个别特殊困难路段，允许采用 60km/h 的计算行车速度，但应经过技术经济论证。

②对于高速公路，应以小客车为主考虑设计车速。虽然目前我国高速公路上行驶的车辆种类仍较多，大货车也有相当比例，但车辆性能正在不断地改善，实际运行车速呈增大趋势，以小客车作为确定高速公路设计车速的标准是合适的。

③对同一条高速公路，如果途经的地区地形有较大差异，设计车速可根据实际情况分段确定。但是，为了保证行车的连续性，应注意以下几点：

分段之间的设计速度差一般按 20km/h 为一级，并应设置相应的限速标志；

不同设计车速分段不宜过短，通常高速公路分段长度不宜小于 20km。

需要改变计算行车速度时，应设置过渡段，过渡段长度可根据具体地形条件结合各方面的使用效果，灵活确定。

计算行车速度变更点的位置，应选择在驾驶人员能够明显判断路况发生变化而需要改变行车速度的地点，如村镇、车站、交叉口或地形明显变化等处，并应设置相应的标志。高速公路一般选用 120km/h 的计算行车速度，当受条件限制时，可选用 100km/h 或 80km/h 的计算行车速度。对个别特殊困难路段，允许采用 60km/h 的计算行车速度，但应经过技术经济论证。

（二）交通量的设定

1. 概念

交通量是指在单位时间内通过道路某一地点或某一断面的车辆数量或行人数量。前者称车流量，后者称人流量。

2. 交通量的作用及影响因素

①是道路规划、设计和交通规划、交通管理的依据。

②交通量的大小与经济发展速度、文化生活水平、气候、物产等多方面因素有关，并且随时间的不同而变化。

③进行道路设计时，常用的交通量如下：

平均交通量。交通量不是一个静止的量，它是随时间变化的，在表达方式上通常取某一时段内的平均值作为该时段的代表交通量。

高峰小时交通量。一天中各小时的交通量不均衡，一般上下午各有一个高峰，交通量呈现高峰的那一个小时称为高峰小时。所以，一定时间内交通量出现的最大小时交通量称为高峰小时交通量。

第 30 位小时交通量：将一年中 8760 个小时的小时交通量，按大小次序排列，从大到小排列序号为第 30 位的那个小时的交通量，称为第 30 位小时交通量。将一年中 8760 小时交通量依大小次序排列，然后计算出每一个小时交通量与年平均日交通量之比值，称为小时交通量系数，以此为纵坐标，以排列次序为横坐标，可以绘制出一年中小时交通量曲线图。

3. 设计交通量

作为道路规划和设计依据的交通量，称为设计交通量。进行道路规划和设计，必须考虑交通量随时间变化出现高峰的特点。若以平均日交通量或平均时交通量作为设计依据，必将在很大一部分时间内不能满足实际交通量的通行要求而发生交通拥挤阻塞；若按年最大的小时交通量作为设计依据，又嫌偏大而浪费。因此，可取一年的第 30 位最大小时交通量作为设计小时交通量，即将一年中测得的 8760 小时交通量按大小顺序排列，取序号为第 30 位的小时交通量作为设计交通量。

（三）道路路段通行能力

1. 通行能力

（1）基本概念

通常定义为在一定的道路、交通状态和环境下，单位时间内，一条车行道或道路的某一断面上能够通过的最大车辆或行人数量，亦称道路、交通容量或简称容量。一般以辆/小时、人/小时表示，亦有用辆/昼夜或辆/秒表示的。车辆多指小汽车，当有其他车辆混入时，均采用等效通行能力的当量小客车单位。

（2）注意事项

在我国公路方面采用当量解放牌汽车为单位，城市采用当量小汽车为单位。注意以下几点：

①特定的道路和交通条件下。

②车辆数。

③与交通量的关系。

区别：道路通行能力与交通量概念不同，交通量指某时段内实际通过的车辆数。道路通行能力是一定条件下通过车辆的极限值，不同的道路条件和交通条件下，有不同的通行能力。

二者联系：一般情况下，交通量均小于道路的通行能力。

④在交通量小得多的情况下，驾驶员可以自由行驶，可以变更车速、转移车道，还可以超车。

⑤交通量等于或接近于道路通行能力时，车辆行驶的自由度就明显降低，一般只能以同一速度列队循序行进。

⑥当交通量稍微超过通行能力时，车辆就会出现拥挤甚至堵塞。所以，道路通行能力是一定条件下通过车辆的极限值，不同的道路条件和交通条件下，有不同的通行能力。

⑦通常在交通拥挤经常受阻的路段上，应力求改善道路或交通条件，以期提高通行能力。

（3）影响因素

影响道路通行能力的主要因素有道路状况、车辆性能、交通条件、交通管理、环境、驾驶员技术和气候等。此外，还有些影响因素至今尚未能做出定量的分析，因此，目前国内外不少专家学者都致力于确定和提高通行能力的研究。

2. 机动车通行能力的类别

基本通行能力是指道路与交通处于理想情况下，每一条车道在单位时间内能够通过的最大交通量。作为理想的道路条件，主要是车道宽度应不小于 3.65m，路旁的侧向余宽不小于 1.75m，纵坡平缓并有开阔的视野、良好的平面线形和路面状况。

作为交通的理想条件，主要是车辆组成为单一的标准型汽车，在一条车道上以相同的速度连续不断地行驶，各车辆之间保持与车速相适应的最小车头间隔，且无任何方向的干扰。

二、高速公路的设计要点

近年来，我国公路交通建设事业突飞猛进。自中国开始建设高速公路以来，就向世界前列迅猛发展。

（一）高速公路的路面设计要点

1. 沥青路面设计概要

沥青路面由于其良好的行驶性能，已经成为各种高等级公路和主干道路的首选结构形式，沥青路面占 80%~90%。

（1）主要形式

由于我国气候和自然环境十分复杂，加上近年来超载运输现象十分严重，建成通车的高等级公路上出现了较大面积的路面早期损坏，其主要形式如下：

①半刚性基层沥青路面出现反射裂缝；

②沥青面层水稳定性损坏；

③高温稳定性病害。

路面的早期损坏不仅造成了巨大的经济损失，而且影响到交通行业的社会形象和可持续发展。

（2）设计方法

世界各国的沥青路面设计方法，可分为经验法和力学经验法两大类。

2. 选线设计要点

公路路线设计及选择时，应尽可能地利用荒坡、荒地、滩涂等荒芜土地，而少占耕地、少拆迁。一般来说，会根据沿线具体情况来选择选线的侧重点。

（1）山区公路

对山区的公路来说，一般主要考虑了地质灾害的可治性以及发生后的处理费用等，而忽略了保护耕地资源，增加了工程中的耕地占用量。

（2）山区耕地

山区耕地形状一般极不规则，如果修筑公路，会使其变得更加支离破碎。因此，在路线选择时，要充分顺应地形、地貌，确保山体平衡体系不被破坏，避免大挖大填，加强桥梁隧道的设计，使路线与周围环境融为一体。

（3）平原地区

相对山区来说，平原地区的地质条件要好得多。然而，平原地区有大量的耕地、房屋，一旦修筑公路，就会占用大量的耕地，甚至造成拆迁。所以，设计路线时应特别注意对土地尤其是耕地资源的影响。

（4）少占耕地，少拆迁

在路线的控制节点确定之后，应综合考虑各种因素，尽可能少占用耕地，少拆迁。可将避开高产良田作为设计线路的重要因素，尽量选择荒地或低产田通过，节约耕地良田，以保护环境。

3. 面层组合设计

国外的耐久性路面追求的寿命是 50 年，即 50 年不进行结构性维修。

长寿命沥青路面结构主要有如下特点：

①100~150mm 区域。轮载下 100~150mm 区域是高受力区域，也是各种损坏的发生区域。

②40~75mm 区域。面层 40~75mm 高质量沥青混凝土为车辆提供良好的行驶界面，应具有足够的表面构造深度，抗车辙、水稳定性好。

③100~175mm 区域。中间层 100~175mm 高模量抗车辙沥青混凝土起到连接和扩散荷载的作用，应具有高模量、抗车辙特性。

（二）高速公路路线设计概述

1. 传统的路线设计概念

①公路平面线形设计。就是如何正确地运用平面技术标准，定出公路的平面几何尺寸；公路纵面线形设计。

②合理采用纵坡技术标准，定出纵面的几何尺寸。这两个方面的技术标准运用好了，几何尺寸定出来了，就算路线设计好了。

③汽车保有量快速攀升。伴随公路交通行业以及汽车行业的迅猛发展，现今的汽车保有量正处于一个快速攀升的阶段，导致公路的实际交通量不断增加，各类交通事故也越发频繁。

④工程学以及设计学的涉及。由此可见，合理的公路线路设计不能够仅仅停留在几何的角度，还涉及了工程学以及设计学等领域。高速公路路线设计应该在充分符合汽车行驶所需的力学条件的基础上力求满足驾驶员的生理条件。

⑤针对地形地物进行设计。应该针对地形地物等情况来进行设计，使设计更能够考虑到各种因素的影响，比如保护环境以及实现合理有效的经济运营等多方面因素。因此，高速公路的线路设计工作非常重要。

⑥线路的设计至关重要。公路线路的设计是非常重要的一关。就拿高速路为例，只要路线设计好了，就会影响到本地路段的社会与经济效益，说明高速公路线路的设计是影响到所涉地区经济和民生的大事。公路路线设计的从业人员在进行路线设计时，应该考虑到所涉当地的实际情况。所以，在进行公路建设的时候，设计正确的路线是非常重要的。

2. 影响高速公路线路设计的相关因素

对高速公路进行设计时，其设计方案的确定是受很多方面影响的。总的来说，受到地质、生态环境、地形以及工程的造价等因素的影响，公路路线的一些施工方案在进行设计时都是必须进行考虑及考量的。这就要求根据实际的情况及影响程度进行具体分析，设计出合理经济的公路路线。

（1）地质因素影响

在对高速路进行建设时会碰到很多地质方面的问题，其中就包括软土与软弱土等土质、滑坡、坍塌与泥石流等情况。这些问题对公路安全的危害非常大，对其后期养护和运行的影响也非常大，地质的因素对整个方案都是起决定性作用的。不好的地质在影响整个路段分布的同时，纵面地形的分布也影响了整体的方案。所以，在建设高速路时地质的勘测是必不可少的，也反映了高速公路路线设计的重要性。

（2）地形因素影响

近年来，中国的高速公路建设非常快，很多路段都是铺设在山区之中。这些地方的地形特别复杂，地的表面陡且不平，建设的任务十分艰巨。假如要降低工程的难度与投资就必须将路段适应其山区的地形。总的来说，不管是哪种地形，最开始就必须合理地利用。一些地形很复杂，但是只要合理地利用，最终的效果就会很好。因此，挑选适当的地形对高速公路的设计人员来说是非常重要的。

（3）设计环境保护因素的影响

以往的工程建设的理念把太多的精力都放在了功能与经济方面，并没有太多考虑环境方面的因素，高速公路的工程实施对于生态的破坏是非常严重的，造成了很多负面的影响。大面积地使用林地与耕地，影响了自然的生态平衡。对高速路进行设计的时候，大多数都是选择直接穿过某些特殊的环境区。

（三）设计中需要注意的相关问题

1. 平、纵、横同步的精细设计

公路是三维的带状构造物，平、纵、横的设计信息集中在一起才能反映真实的设计情况。公路地形在很小的范围内也可能产生很大的变化，路线平、纵面稍微移动就能产生相反的结果，这就要求路线设计应该平、纵、横同步精细设计，以互相检验设计的合理性，这在局部路线优化时尤为重要。

（1）应采用曲线形设计法

在当前高速公路的建设中多采用曲线设计法。所谓曲线形设计方法，即根据线形布设的技术标准要求、平纵线形组合的均衡要求、地形地物及自然环境的约束要求，采用曲线单元并选用合理的线形参数来布设路线。

（2）曲线形设计方法的作用

采用曲线形设计方法进行路线设计，既能使道路线形美观，也可以使道路本身和沿线景观相协调，更重要的是，曲线形道路相比直线道路更容易让驾驶员在开车时注意力集中，从而减少交通事故。当然，直线设计法也并不是要完全杜绝，只是在设计过程中要注意一些问题。

（3）灵活运用线性指标

线性指标的选用不仅关系到公路使用的安全性和舒适性，还影响到工程的造价和区域的自然环境。在路线设计技术指标的运用上，应结合地形、地物、地质、水文、气象等自然条件，特别是要注重总体设计。要注意保证前后路线线形的均衡性和连续性。因此，设计人员必须加强对标准规范的理解，做到灵活运用技术指标。

2. 加强环境保护

对高速路段进行设计时应选择那种对环境的负面影响最小的设计方案。

（1）考虑因素

公路路线设计必须结合实际施工地点的环境因素，实施时要考虑到文物、水利、保护区与湿地等众多的因素，力求在公路建设时生态与经济共同进步与发展。

（2）注意事项

公路路线设计的相关注意事项，在高速公路交通建设中非常重要，其不仅可以减少建筑中遇到的困难以及降低成本，还可以推动高速公路的建筑品质变得更可靠，促进人们出行环境的优化。

在进行高速公路建设时，线路的设计工作对整个公路工程的影响是非常巨大的。近年来，随着国内经济的飞速发展，国内公路的建筑及公路线路设计水准有了很大的进步，同时，人们对高速公路方面的要求也越来越高。高速公路的路线设计对全部工程项目的品质、成本及执行来讲，都起着重要的作用。因此，制订良好的高速公路设计方案可以减少建筑中遇到的困难以及降低成本，还可以推动高速公路的建筑品质变得更可靠，促进人们出行环境的优化。所以制订最佳的高速公路设计方案可以实现多赢的局面，并且推动人和人以及人与自然的相处，实现社会的和谐。

第二章　高速公路工程施工技术

第一节　公路工程施工概述

一、施工与公路施工特点

（一）道路的施工工序及方法

1. 路床施工

（1）测量放线及前期土工试验

工程施工时全段每隔 20~25m 设置一组中心桩，曲线段须做好起、中、终点的桩点控制，曲线中间点按 5~10m 间隔做好加密桩；每 100m 设置一临时水准点，按顺序编号；各流水作业段每 20m 设一组边桩，并按设计道路断面放出围边坡角线。施工过程中发现桩点错位或丢失应及时校正或补桩。

在取土源进行土工试验，为土方及路床施工提供各项试验数据。

（2）试验路段

路基开工前，在监理工程师旁站下结合路段选择有代表性、长度不小于 100m 的路段作为试验路段，进行压实试验，并将试验结果报告监理工程师批准。试验时，记录设备的类型、最佳人机组合方式、碾压遍数、碾压速度及每层材料的松铺厚度和含水量等。并根据试验数据制定施工措施以指导路基施工。施工中如发现土质与设计文件不符而路床不能施工时，施工单位应及时与甲方及设计单位联系，以制定相应的处理措施。

（3）路床修筑及平整

路床下各管道沟槽回填至路床高程下 15cm 位置后，统一进行路床施工，以便路床具有较好的整体性。路床施工以机械为主，人工为辅，对原建筑物旧基坑、树坑、沟道等采用回填砂石或 9% 灰土处理，并按市政工程施工技术规程的要求，分层回填至路床以下。

路床整形施工采用平地机刮平，经 8~10 吨光轮压路机初压后，挂线或用水准仪逐个断面进行核测路床中线高程及路拱成形情况，并及时检查处理层厚度、路床平整度，直至每个断面的纵、横坡符合设计要求。

（4）压实

整平的填土层，使用自行振动压路机进行碾压。碾压速度在 3~4km/h。含水量保持在最佳含水量。路床以 15 吨压路机碾压无明显轨迹经测试密实度达到 95% 重型击实标准时，经监理工程师验收方可进行下道工序。

2. 垫层施工

路基工作完成部分段路基土方工程后，路面工作即可对检验合格的路段进行垫层的施工，分层堆料，平地机拌和摊铺，压路机碾压，洒水车洒水养护的一条龙作业进行。施工中必须严格控制颗粒的级配和均匀性、摊铺料的厚度、平整度和压实度，并及时做好养生工作。

（1）准备工作

土基用 18~21t 三轮压路机或等效的碾压设备检验。在碾压过程中，如发现土过干、表层松散，应适当洒水；如土过湿，发现弹簧现象，应采用挖开晾晒、换土、掺石灰或料粒等措施进行处理，直到下承土基表面平整、坚实，具有规定的路拱，没有任何松散的材料和软弱地点。

（2）施工放样

在土路基上恢复中线。直线段每 15~20m 设置一桩，平曲线段每 10~15m 设一桩，并在两侧肩边缘外 0.3~0.5m 设指示桩。

进行水平测量，在两侧指示桩上用明显标记标出底基层边缘的设计高。

（3）备料

选择级配符合设计要求的材料，均匀层按松铺厚度堆放在路床上。

（4）摊铺

用平地机将混合料按松铺厚度均匀地摊铺在预定的宽度上，表面应力求平整，并具有规定的路拱。设一个三人小组跟在平地机后面，及时消除粗细集料离析现象。对于粗集料窝和粗集料带，应添加细集料，并拌和均匀；对于细集料窝，应添加粗集料，并拌和均匀。

（5）定型和碾压

用轮胎压路机在已初平的路段上快速碾压一遍，以暴露潜在的不平整，再用平地机进行整平和整形。整形后，当混合料的含水量等于或略大于最佳含水量时，立即用振动压路机进行碾压。直线段，由两侧路肩开始向路中心碾压；在有超高的路段上，由内侧路肩向外侧路肩进行碾压。碾压时，后轮应重叠1/2轮宽；后轮必须超过两段的缝外。后轮压完路面全宽时，即为一遍。碾压一直进行到要求的密实度为止，一般须碾压6~8遍，应使表面无明显轨迹。压路机的碾压速度，头两遍以采用1.5~1.7km/h为宜，以后用2.0~2.5km/h。路面的两侧，应多压2~3遍。

（二）公路施工特点

1. 造价高、投资大

公路工程建设项目投资一般是非常巨大的，其建设工程合同的价额基本上是几千万、上亿甚至几百亿元，这是一般的建筑工程项目所不可比拟的。

2. 点多、线长、面广

公路工程建设规模一般都比较大，从建设里程上来讲，从几十千米到上百千米甚至上千千米的都有，涉及的施工区域可能不止一个省、市，尤其是国道干线的建设，一般都要跨越几个省市，施工范围是相当广的。因此，工程的建设是不可能只由一家施工企业单独来完成的，需要多家合作，分点、分段建设完成。

3. 质量要求高，形成时间长

每条公路都是特有的、唯一的，一经建成，在短时间内将不会进行重复性的投资建设；同时，建设一条公路将会耗费大量的人力、物力和财力等。因此，在公路工程的建设期间，就要对建设产品提出较强的质量要求，要求建设、设计、施工、监理等单位密切配合，材料、动力、运输等各部门的通力协作，以及地方各级政府部门和施工沿线各相关单位的大力支持，科学合理地利用资源，尽可能创造高质量的公路建筑产品。

4. 户外作业环境复杂不可控因素多

公路工程本身的特点要求施工建设是采用全野外的作业方式，加上施工的路线一般都较长，施工几千米、几十千米甚至上百千米的公路工程，所以，无论是其面临的气候、地质水文条件，还是社会经济环境，乃至风土人情都将是有差异的。其中的任何一项因素的变化都会影响公路工程建设的顺利进展。另外，对不同的施工项目，环境等影响因素又有所不同，不可控因素的增多也使得项目管理在施工中变得尤为重要。

（三）城市公路施工的特点

一是充分做好准备工作，包括施工管理和组织计划工作；施工中实行流水作业，严格施工管理，健全岗位责任制、加强质量保证体系工作，每道工序都要严格把关，前一道工序未经验收不得进行下道工序。

二是公路施工耗费筑路材料多，每千米达数千吨，单方造价中材料款一般占50%以上。我国幅员辽阔，各地可供修筑公路的材料很多。所以，要认真做好调查研究，充分利用当地材料和工业废渣，以求修建经济而适用的公路。

三是城市公路施工从直观上看无论是新建、改造或扩建都会不同程度地存在三多一少的特点。

四是城市交通拥挤、车辆及行人多，所以尽可能不断路施工，多采用半幅通车、半幅施工的方案。必要时封锁交通断路施工，务必做好交通疏导工作，协商安排车辆绕道行驶的路线和落实交通管理措施。为了减少扰民和保证车辆正常行驶，也可在夜间组织连续作业，快速施工。

五是施工障碍多。无论是沿线房屋拆迁，地上立体交叉的各种架空线杆，还是地下纵横交错的各种管网和设施或古墓文物，这些影响施工的障碍物的解决都具有很大的工作量，也极其繁杂，必须引起高度重视，务必进行妥善规划、细致实施。

六是施工涉及面广。公路施工除了面对众多的沿线居民外，还涉及规划、公安、公交、供电、通信、供水、供热、燃气、消防、环保、环卫、路灯、绿化和街道及有关企事业等单位，所以，必须加强协作、配合工作，以取得各单位各部门的支持和谅解，使施工得以顺利进行，避免出现大量耗费人力、物力和时间的"扯皮"现象。

七是施工用地少。城市土地极其珍贵，施工平面布置必须"窄打窄用"，乃至"见缝插针"，有条件要在郊外建造搅拌站等基地或采用商品混凝土方案。

二、分路工程施工图

公路工程是一种带状构筑物，具有高差大、曲线多且占地狭长的特点，因此，公路工程施工图的表现方法与其他工程图有所不同。公路工程施工图是由公路平面图、公路纵断面图、横断面图及构造详图组成。公路平面图是在测绘的地形图的基础上绘制形成的平面图；公路纵断面图是沿路线中心线展开绘制的立面图；横断面图是沿路线中心线垂直方向绘制的剖面图；而构造详图则是表现路面结构构成及其他构件、细部构造的图样。用这些图样来表现公路的平面位置、线形状况、沿线地形和地物情况、高程变化、附属构筑物位置及类型、地质情况、纵横坡度、路面结构和各细部构造、各部分的尺寸及高程等。

（一）公路施工平面图

公路平面图是应用正投影的方法，先根据标高投影或地形地物图例绘制出地形图，然后将公路设计平面的结果绘制在地形图上。公路施工平面图是用来表现公路的方向、两侧地形地物情况、路线的横向布置、路线定位等内容的主要施工图。

1. 地形部分的图示内容

（1）图样比例的选择

根据地形地物情况的不同，地形图可采用不同的比例。一般常用比例为1∶500，也可采用1∶1000的比例。比例选择应以能清晰表达图样为准。

（2）方位确定

为了表明该地形区域的方位及公路路线的走向，地形图样中需要标示方位。方位确定的方法有坐标网或指北针两种，如采用坐标网定位，则应在图样中绘出坐标网并注明坐标；如采用指北针，应在图样适当位置按标准画出指北针。

（3）地形地物情况

地形情况一般采用等高线或地形点表示。城市公路一般比较平坦，多采用大量的地形点来表示地形高程。公路有时采用等高线表示，地物情况一般采用标准规定的图例表示。

（4）水准点位置

水准点位置及编号应在图中注明，以便路线控制高程。

2. 路线部分的图示内容

①公路规划红线是公路的用地界限，常用双点画线表示。公路规划红线范围内为公路用地，一切不符合设计要求的建筑物、构筑物、各种管线等均须拆除。

②公路中心线用细点画线表示。公路中机动车道、非机动车道、人行道、分隔带等均可按比例绘制在图样中。

③里程桩号反映了公路各段长度及总长，一般在公路中心线上从起点到终点，沿前进方向注写里程桩号；也可向垂直公路中心线方向引一细直线，再在图样边上注写里程桩号。

④路线定位采用坐标网或指北针结合地面固定参照物定位的方法。

⑤公路中曲线的几何要素的表示及控制点位置的图示。

3. 公路平面图的阅读

根据公路平面图的图示内容，可按以下程序阅读：

①首先了解地形地物情况：根据平面图图例及地形点高程，了解该图样反映的地形地物状况、地面各控制点高程、构筑物的位置、公路周围建筑的情况及性质、已知水准点的位置及编号、坐标网参数或地形点方位等。

②阅读公路设计情况：依次阅读公路中心线、规划红线、机动车道、非机动车道、人行道、分隔带、交叉口及公路中曲线设置情况等。

③公路方位及走向，路线控制点坐标、里程桩号等。

④根据公路用地范围了解原有建筑物及构筑物的拆除范围以及拟拆除部分的性质、数量，所占农田性质及数量等。

⑤结合路线纵断面图掌握公路的填挖工程量。

⑥查出图中所标注水准点位置及编号，根据其编号到有关部门查出该水准点的绝对高程，以备施工中控制公路高程。

（二）公路纵断面图

通过沿公路中心线用假想的铅垂面进行剖切，展开后进行正投影所得到的图样称为公路纵断面图。由于公路中心线是由直线和曲线组合而成的，因此，垂直剖切面也就由平面和曲面组成。

公路路线纵断面图主要反映了公路沿纵向的设计高程变化、地质情况、填挖情况、原地面标高、桩号等多项图示内容及数据。所以公路纵断面图中包括图样和资料表两大部分。

1. 图样部分的图示内容

①图样中水平方向表示路线长度，垂直方向表示高程。为了清晰反映垂直方向的高差，规定垂直方向的比例按水平方向比例放大 10 倍。图上所画出的图线坡度较实际坡度大，看起来明显。

②图样中不规则的细折线表示沿公路设计中心线处的原地面线，是根据一系列中心桩的地面高程连接形成的，可与设计高程结合反映公路的填挖状态。

③路面设计高程线：图上比较规则的直线与曲线组成的粗实线为路面设计高程线，它反映了公路路面中心的高程。

④竖曲线：当设计路面纵向坡度变更处的两相邻坡度之差的绝对值超过一定数值时，为了有利于车辆行驶，应在坡度变更处设置圆形竖曲线。

⑤路线中的构筑物：路线上的桥梁、涵洞、立交桥、通道等构筑物，在路线纵断面图的相应桩号位置以相关图例绘出，注明桩号及构筑物的名称和编号等。

⑥标注出公路交叉口位置及相交公路的名称、桩号。

⑦沿线设置的水准点，按其所在里程注在设计高程线的上方，并注明编号、高程及相对路线的位置。

2. 资料部分的图示内容

公路纵断面图的资料表设置在图样下方并与图样对应，格式有多种，有简有繁，视具体公路路线情况而定。

①地质情况：公路路段土质变化情况，注明各段土质名称。

②坡度与坡长：斜线上方注明坡度，斜线下方注明坡长，使用单位为米。

③设计高程：注明各里程桩的路面中心设计高程，单位为米。

④原地面标高：根据测量结果填写各里程桩处路面中心的原地面高程，单位为米。

⑤填挖情况：反映设计标高与原地面标高的高差。

⑥里程桩号：按比例标注里程桩号，一般设千米桩号、百米桩号、构筑物位置桩号及路线控制点桩号等。

3. 公路纵断面图的阅读

公路路线纵断面图应根据图样部分和资料部分结合阅读，并与公路平面图对照，得出图样所表示的确切内容。

①根据图样的横、竖比例读懂公路沿线的高程变化，并对照资料表了解确切高程。

②竖曲线的起止点均对应里程桩号，图样中竖曲线的符号长、短与竖曲线的长、短对应，且读懂图样中注明的各项曲线几何要素，如切线长、曲线半径、外矢距、转角等。

③公路路线中的构筑物图例、编号、所在位置的桩号是公路纵断面示意构筑物的基本方法，了解这些，可查出相应构筑物的图纸。

④找出沿线设置已知水准点，根据编号、位置查出已知高程，以备施工使用。

⑤根据里程桩号、路面设计高程和原地面高程，读懂公路路线的填挖情况。

⑥根据资料表中坡度、坡长、平曲线示意图及相关数据，读懂路线线形的空间变化。

（三）公路横断面图

公路横断面图是沿公路中心线垂直方向的断面图。图样中表示了机动车道、人行道、非机动车道、分隔带等部分的横向构造组成。公路横断面的设计结果用标准横断面设计图表示。

1. 图样中要表示出车行道、人行道及分隔带等各组成部分的构造和相互关系

一般采用1：100或1：200的比例尺，在图上绘出红线宽度、车行道、人行道、绿地、照明、新建或改建的地下管道等各组成位置、宽度、横坡度等。

①用细点划线段表示公路中心线，车行道、人行道用粗实线表示，并注明构造分层情况，标明排水横坡度，图示出红线位置。

②用图例示意绿地、树木、灯杆等。

③用中实线图示出分隔带设置情况。

④注明各部分的尺寸，尺寸单位为厘米。

⑤与公路相关的地下设施用图例示出，并注以文字及必要的说明。

2. 公路路面结构图及路拱详图

路面结构形式分为两大类：柔性路面和刚性路面。每一大类中又可分为快车公路面结构、慢车公路面结构、人行公路面结构。

①由于沥青类路面是多层结构层组成的，在同车道的结构层沿宽度一般无变化。因此，选择车道边缘处，即侧石位置一定宽度范围作为路面结构图图示的范围，这样既可图示出路面结构情况又可将侧石位置的细部构造及尺寸反映清楚，也可只反映路面结构分层情况。

②路面结构图图样中，每层结构应用图例表示清楚，如灰土、沥青混凝土、侧石等。

③分层注明每层结构的厚度、性质、标准等，并将必要的尺寸注全。

路拱采用什么曲线形式，应在图中予以说明，如抛物线形的路拱，则应以大样的形式标出其纵、横坐标以及每段的横坡度和平均横坡度，以供施工放样使用。

（四）交叉口平面图

公路交叉口位置的路面高程设计称为交叉口竖向设计。通过合理地设计交叉口的标高，以有利于行车和排水。一般采用等高线设计方法，通过交叉口平面图表示出来。每根等高线的高差为5cm，公路纵坡由路口中心向东，向西下坡，故交叉口形成向东向西的双面坡。为了便于施工放线，平行公路中心线画方路网，方格尺寸通常为5m×5m。每个方格的四角按设计等高线用内插法插入高程。

第二节　公路路基施工

一、路基施工概述

（一）公路路基的含义

路基是公路的重要组成部分，是按照路线位置和一定技术要求修筑的带状构造物，承受由路面传来的荷载，应有足够的强度、稳定性和耐久性。它可以将工程设计蓝图与原地质地貌直接结合，它既是路线的主体，又是路面的基础，是公路施工工程建设的重要组成部分。路基质量的好坏，直接关系着整个公路的质量，直接影响日后汽车在公路上的行驶。

（二）路基施工要求

一是具有合理的断面形式和尺寸。

二是具有足够的强度。

三是具有足够的整体稳定性。

四是具有足够的水温稳定性。

（三）路基施工作用

路基承受着本身的岩土自重和路面重力，以及由路面传递而来的行车荷载，是整个公路构造的重要组成部分，是铁路轨道或公路路面的基础。

为使路线平顺，在自然地面低于路基设计标高处要填筑成路堤，在自然地面高于路基设计标高处要开挖成路堑。路基必须具有足够的强度和稳定性，即在其本身静力作用下地基不应发生过大沉陷；在车辆动力作用下不应发生过大的弹性和塑性变形；路基边坡应能长期稳定而不坍滑。为此，须在必要处修筑一些排水沟、护坡、挡土结构等路基附属构筑物。

路基是一种线形结构物，具有路线长、与大自然接触面广的特点，其稳定性在很大程度上由当地自然条件所决定。合理选择线位，可以避开地质不良地段和工程艰巨路段，保证路基稳定，减少工程数量，节约工程投资。

路基工程的特点是：工艺较简单，工程数量大，耗费劳力多，涉及面较广，耗资亦较多。路基施工改变了沿线原有自然状态，挖、填、借、弃土石方涉及当地生态平衡、水土保持和农田水利。土石方相对集中或条件比较复杂的路段，路基工程往往是施工期限的关键之一。

为了保证线路质量并防止灾害，必须研究路基强度和稳定性的基本规律，针对路基设计、施工和养护等各个环节制定科学的技术标准、技术规范和工艺要求。此外，为实现此目的既需要土力学、岩体力学和工程地质学等有关的学科理论，又必须有从事铁路工程与公路工程的实践工作中所总结得到的专业技术和专业理论，包括路基设计、路基挡土结构、路基土石方施工、路基养护等。

（四）影响路基施工质量的因素

公路路基具有路线长、与大自然接触面广等特点。自然条件直接影响了其公路路基的稳定性。因此，深入调查公路沿线的自然条件，具体地掌握有关自然因素的自然规律及其对路基稳定性的影响，从而因地制宜地采用相应的技术措施，以达到正确进行路基施工和养护的目的。自然因素和人为因素是影响路基施工质量的关键。自然因素主要包括地形、气候、水文与地质、植物覆盖等。人为因素主要包括荷载作用、路基结构、施工方法、养护措施等。公路沿线的人为设施如水库、排灌渠道、水田以及人为活动等也对路基是否稳定有很大的影响。路基在设计施工前，施工人员应掌握公路沿线的湿度及其变化规律，采取相应的调节水温情况的措施，以保证路基具有足够的强度和稳定性。

（五）路基施工工艺

路基的总体施工工艺可大致概括为"三个施工阶段""四个作业区段"和"八道工艺流程"。

"三个施工阶段"是准备阶段、施工阶段、整修验收阶段。

"四个作业区段"是填筑区段、平整区段、碾压区段、检验区段。施工中须逐层进行流水作业。

"八道工艺流程"是施工准备、基底处理、分层填筑、摊铺平整、洒水晾晒、碾压夯实、检验签证、路基整修。

路基填筑应严格按照工艺进行施工，各区段和流程内只允许进行该段流程的作业，不许几种作业交叉施工。

二、路基施工技术分析

（一）路基施工准备阶段

1. 试验准备

用作路基填方的材料，应按招标文件及监理工程师的要求进行各项试验检测，先测出其填料的最大干容重、最佳含水量、液限、塑限、塑性指数及 CBR 值等，并做有机质含量试验及易溶盐含量试验，经监理工程师认可，方可作为路基填筑材料。

2. 测量放样

根据设计院所给定的导线点、水准点，项目经理部应安排测量工程师复测加密，经监理工程师确认无误后，利用其进行路线中桩、边桩的测量放样。路基直线段每 20m 一点，曲线段每 10m 一点。路基清表前必须首先检测原地面标高，测绘路基横断面，报送监理工程师审核批复。

（二）清理与掘除

1. 场地清理

通过现场测量放线，路基范围以内的有机物残渣及地面表层的草皮、农作物的根系和地表腐殖土采用推土机或装载机等清除，集中堆放在业主指定的区域范围内，待以后业主统一调配使用，清除深度一般为 10~30cm。拆迁残留物砖石与其他砌体结构采用推土机配合人工进行拆除，运往指定区域堆放。

2. 拆除与挖掘

路基工程开工后，路基用地范围以内原有结构物的地下部分、所有的树墩、树根和其他有机物都必须彻底掘除，运至指定地点处理。

3. 原地面坑（洞）穴处理

若原地面存在坑（洞）穴时，采用监理工程师批准的碎石回填、压实，经监理工程师检测合格后方可进行下道工序。

（三）路基开挖

1. 挖土方

（1）施工程序

路基土方开挖前，应按照设计图纸的要求及有关规定进行施工放线、测量放样，准确无误后，报监理工程师审查同意后作为路基施工质量控制的依据。随后进行场地清理和清表工作，开挖深度较浅时可以一次开挖成形，开挖深度较深时应分层开挖并做好边坡的修理和防护。

（2）主要施工方法

路基土方开挖，须按设计采取自上而下的方法开挖施工。对于高边坡开挖施工，应按图纸设置开挖平台和放坡，每个台阶从上向下同时做好防护工作。

表层腐质土用推土机清除，然后用自卸汽车运到指定地点，以备复耕或绿化使用；深层土用挖掘机配合推土机开挖，用自卸汽车运输，利用土运到指定填土段，弃土运至指定地点，按一定高度、坡度堆放。开挖施工中遇有不同的土层时，按土层分层进行开挖。边沟开挖根据路段具体情况用挖掘机配合人工开挖。

路堑开挖前应先施工截水沟，做好堑顶截排水。路堑的开挖方法根据路堑的深度、纵向长短及现场施工条件，有横向挖掘法、纵向挖掘法和混合式挖掘法等几种基本方法。横向挖掘法适用于挖掘浅且短的路堑的单层横向全宽挖掘法和挖掘深且短的路堑的多层横向全宽挖掘法；纵向挖掘法又可以具体分为分层纵挖法、通道纵挖法和分段纵挖法；混合式挖掘法是多层横向全宽挖掘法和通道纵挖法的综合使用。

2. 挖石方

（1）基本要求

石方开挖应根据岩石条件、开挖尺寸、工程量和施工技术要求，通过方案比较拟定合理的开挖方式。其基本要求是：保证开挖质量和施工安全；符合施工工期和开挖强度的要求；有利于岩体完整和边坡稳定；可以充分发挥施工机械的生产能力；辅助工程量少。

（2）开挖方式

石方开挖根据岩石类别、风化程度和节理发育程度等确定开挖方式。主要开挖方式有：机械开挖、钻爆开挖和静态破碎法开挖等。机械开挖不需要水、电等辅助设施，简化了场地布置，加快了施工进度，但这种方法不适于破碎坚硬的岩石。钻爆开挖是目前应用较为广泛的开挖施工方法，常用的爆破方法有光面爆破、预裂爆破、微差爆破、定向爆破、硐室爆破等。静态破碎法是将膨胀剂放入炮孔内，利用产生的膨胀力，缓慢地作用于孔壁，经过 4~24h 后达到 300~500MPa 的压力，从而将岩石破碎。对于软石和强风化岩石，采用推土机、挖掘机配合人工直接开挖；次坚石等采用小型松动爆破开挖；坚石等则采用光面爆破、预裂爆破开挖；对于附近存在建筑物或结构物的岩石应采用静态破碎法开挖。

3. 路基填土压实

公路路基的强度和稳定性很大程度取决于路基填料的性质及其压实的程度。从现有条件出发，改进填料和压实条件是保证路基质量最有效和经济的方法。路基填料应有条件地选用，对路基填料的最小强度和最大粒径给了量化的标准。当路基填料达不到规定的最小强度时，应采取掺加粗粒料，或换填或用石灰等稳定材料处理，对其他等级公路铺筑高级路面时，也要采用高速公路和一级公路的规定值。目前路基施工，一般采用的是大吨位的压路机，碾压效果有了明显的改善。对于提高路基土的压实度起到了很好的作用。随着我国高速公路的飞速发展，路基施工技术也取得了相当大的进步，对于特殊路基的处理技术也日渐成熟和完善。

4. 路基路面排水

水是影响路基强度和稳定性的另一重要因素，许多路基病害是由水的侵蚀造成的。另外，从保护环境、不损害当地农田水利设施考虑，也必须做好路基排水，形成排水系统，并与地区排水规划相协调。在路基施工中，应重视施工排水，防止各种原因造成的水患，给路基、路面施工造成损失。地面排水通常采用的设施是边沟、截水沟、跌水、急流槽以及地表的排水管。对于高速公路和一级公路上的排水沟渠，一般都要求铺砌防护。普遍采用浆砌片石加固，而水泥混凝土预制板块也开始广泛应用。高速公路和一级公路通过水网地段的路基，过去逢沟设涵的做法在一些地方有了改进，对路线两侧的灌溉沟渠重启系统布置，免去了穿越路线的排灌涵洞，从而提高了路基的工程质量。路面排水的任务是迅速排除路面范围内的降水，减少水从路面渗入，使之不冲刷路基边坡。雨水排出路面有两种方式。第一种是集中排水，在硬路肩外侧设置水泥混凝土预制块或现浇沥青混凝土的拦水带，以其与硬路肩路面构成三角形的集水槽流水，每隔 20～50m 间距设一泄水口与路堤边坡急流槽衔接将雨水排到坡脚排水沟中。设超高路段的排水通过设在中央带的圆形开口排水沟或雨水井进行排除。第二种是分散排水，多用于地势平坦，路线纵坡小于 0.3% 的长路段，除了硬化路肩和加固路基边坡外，在经过地下水位较高的绿洲地带，也要防止边坡上部的植草向上生长挡住横向排水出路造成路表积水，改进的方法是硬化路肩，设置路肩排水沟，增大沟坡排水。路基地下排水仍多用暗沟、盲沟、渗沟、渗井等，其特点是以渗透力式排水，当水流量较大，多采用带渗水管的渗沟。

5. 路基防护

路基的修筑改变了地层的天然平衡状态，以及路基暴露在空间，不断受各种错综复杂的自然因素侵蚀，因此，需要进行各种类型的防护。坡面防护，目的是防止地表水流的冲刷、坡面岩土的风化剥落以及与环境的协调。近年来，随着对环境保护的重视，高等级公路的边坡，多采用种草防护，边坡较高时采用砌石框格种草防护。冲刷防护，防护沿河路基边坡免受冲刷仍多采用直接防护。传统的砌石、抛石、铁丝石笼、挡土墙等有所改进，用高强土工格栅代替铁丝做石笼，用聚酯或聚氨酯类土工织物混凝土护坡模袋做成的护面板防护受水冲浪击的边坡，能适应土体的不均匀沉降。支挡防护，挡土墙用于支挡防护目前仍占主要地位。石砌的重力式挡土墙多用于石料丰富、墙高较低、地基较好的场合；钢筋混凝土结构的悬臂式挡土墙、扶壁式挡土墙和板柱挡土墙其受力比较合理，墙身圬工体积小，也已广泛应用于公路路基的防护。垛式挡土墙易于调整墙的高度，并采用预制构件拼装，是一种特殊形式的挡土墙。

6. 不良地基处理

随着高速公路和一级公路建设的迅速发展，针对不良地基，在防止路堤失稳定、沉降观测控制、不良地基处理技术等方面取得了显著成果。对处理的不良地基用沉降速率作为铺筑路面时间的沉降控制方法，使得在不良地基上一次建成高级路面的关键技术问题得到了解决。

第三节　公路路面施工

路面工程包含路面基层施工技术，沥青路面施工技术，水泥混凝土路面施工技术，路面防、排水施工技术，特殊沥青混凝土路面施工技术，路面试验检测技术等。

一、路面基层施工技术

（一）粒料基层（底基层）

粒料基层包括嵌锁型和级配型两种。嵌锁型包括泥结碎石、泥灰结碎石、填隙碎石等，其中填隙碎石可用于各等级公路的底基层和二级以下公路的路基。级配型包括级配碎石、级配砾石、符合级配的天然沙砾、部分砾石经轧制参配而成的级配砾、碎石等，其中级配碎石可用于各级公路的基层和底基层；级配砾石、级配碎砾石以及符合级配、型性指数等技术要求的天然沙砾，可适用于轻交通的二级以下公路的基层以及各级公路的底基层。

1. 对原材料的技术要求

①填隙碎石的单层铺筑厚度宜为 10~12cm，最大粒径宜为厚度的 0.5~0.7 倍。用作基层时，最大粒径不应超过 53mm；用作底基层时，最大粒径不应超过 63mm。填隙料可用石屑或最大粒径小于 10mm 的沙砾料或粗砂，主骨料和填隙料的颗粒组成可参照有关规范的规定。

②级配碎石宜用几种粒径不同的碎石和石屑掺配拌制而成，其粒料的级配组成应符合相应的试验规程的要求，且级配应接近圆，应符合相滑曲线。用于底基层的为筛粉碎石的级配应满足试验规程的要求。级配碎石用作基层时，其压实度不应小于 98%；用作底基层时，其压实度不应小于 96%。

③级配砾石或天然沙砾用作基层或底基层，其颗粒组成应符合相应的试验规程的要求，且级配宜接近圆滑曲线。

2. 填隙碎石施工

（1）备料

根据基层的宽度、厚度及松铺系数，计算粗碎石用量。填隙料用量为粗碎石用量的 30%~40%。

（2）运输粗碎石

由远到近将粗碎石按规范计算的距离卸置于下承层上。卸料距离应严格掌握。

（3）摊铺

用平地机或其他合适的机具将粗碎石均匀地摊铺在预定的宽度上，表面应力求平整，并有规定的路拱。应同时摊铺路肩用料。

3．撒铺填隙料和碾压

（1）干法施工

干法施工的主要内容为初压、撒铺填隙料、碾压、再次撒布填隙料、再次碾压、填隙等，其中碾压为用振动压路机慢速碾压，将全部填隙料振入粗碎石间的孔隙中；再次碾压是用振动压路机按前述进行碾压；再次碾压后，表面必须能看得见粗碎石。如填隙碎石层上为薄沥青面层，应使粗碎石的棱角外露 3~5mm；当须分层填筑时，应将已压成的填隙碎石层表面粗碎石外露 5~10mm，然后在上摊铺第二层粗碎石；填隙碎石表面孔隙全部填满后，用 12~15t 三轮压路机再碾压 1~2 遍。在碾压过程中，不应有任何蠕动现象。在碾压之前，宜在表面先洒少量水。

（2）湿法施工

湿法施工开始工序与干法施工要求相同。粗石层表面孔隙全部填满后，立即用洒水车洒水，直到饱和，但应注意避免多余水浸泡下承层。然后用 12~15t 三轮压路机跟在洒水车后进行碾压。再之后是干燥，即碾压完成的路段应让水分蒸发一段时间。最后当须分层铺筑时，应待结构层变干后，将已压成的填隙碎石层表面的填隙料扫除一些，使表面粗碎石外露 5~10mm，然后在上摊铺第二层粗碎石。

（二）无机结合料稳定基层施工

1．无机结合料稳定类基层分类及适用范围

（1）水泥稳定土

适用范围：各级公路的基层和底基层，但水泥稳定细粒土不能用作二级以上公路高级路面的基层。

（2）石灰稳定土

适用范围：各级公路的底基层，以及二级以下公路的基层，但石灰土不得用作二级以下公路高级路面的基层。

（3）石灰工业废渣稳定土

适用范围：各级公路的基层和底基层，但二灰、二灰土和二灰砂不应做二级以上公路高级路面的基层。

2. 对原材料的技术要求

①水泥：初凝时间 3h 以上和终凝时间较长的水泥。

②石灰：应符合Ⅲ级以上消石灰或生石灰的技术指标。应检验石灰的有效钙和氧化镁含量。

③粉煤灰：粉煤灰中 SiO_2、Al_2O_3 和 Fe_2O_3 的总含量应大于 70%，烧失量不宜大于 20%。

④集料：集料应符合压碎值及级配要求。

⑤水泥稳定类材料的压实度及 7d 龄期的无侧限抗压强度应满足相关的要求。

⑥水泥剂量应通过配合比设计试验确定。当水泥稳定中、粗粒土做基层时，应控制水泥剂量不超过 6%。

⑦采用水泥稳定碎石土、砾石土或含泥量大的砂、沙砾时，宜掺入一定剂量石灰进行综合稳定。当水泥用量占结合料总量的 30% 以上时，应按水泥稳定类进行设计，否则按石灰稳定类设计。

⑧水泥稳定粒径均匀且不含或细料很少的沙砾、碎石以及不含土的砂时，宜在集料中添加 20%~40% 的粉煤灰或添加剂量为 10%~12% 的石灰土进行综合稳定。

二、沥青路面施工技术

（一）施工前期准备工作

1. 沥青透层

施工前应对基层再次进行全面检查，严格把关，以防质量隐患。采用沥青洒布车自动洒布，洒布沥青用量 0.8~1kg/m³，洒布后立即撒布 3~8mm 集料，其用量为 1m³/1000m²，并用 6~8 吨钢轮压路机碾压 1~2 遍。具体施工时先做试验路，待施工工艺熟练，沥青用量确定并经监理工程师同意后正式施工。

洒布车的行驶速度及喷嘴的高低、角度均由试验确定，并报监理工程师审批。施工时要防止沥青对构造物的污染，施工时应注意保护侧平石、人行道板以免影响公路的美观，封层施工后尽量减少车辆通行。

2. 试验段

沥青路面正式施工前，选定一段合适的地段做试验路，试验路的施工分试拌和试铺两个阶段，试验的内容主要有以下七方面：

①根据沥青路面各种施工机械相匹配的原则，确定合理的施工机械、机械数量及组合方式。

②通过试铺确定摊铺机的摊铺温度、摊铺速度、摊铺宽度、自动找平方式等操作工艺；确定压路机的压实顺序、碾压温度、碾压速度及碾压遍数等压实工艺；确定松铺系数、接缝方法等。

③验证沥青混合料配合比设计结果，提出生产用的矿料配合比和沥青用量。

④建立用钻孔法及核子密度仪法测定密实度的对比关系。确定各种内型沥青混凝土压实标准密度。

⑤确定施工产量及作业段的长度，制订施工计划。

⑥全面检查材料及施工质量。

⑦确定施工组织及管理体系、人员、噪声联络及指挥方式。

在试验路段的铺筑过程中，认真做好记录分析，主动接受监理工程师或工程质量监督部门监督、检查试验段的施工质量，确定有关成果。铺筑结束后，及时就各项试验内容提出试验总结报告，报监理工程师审批，作为施工依据。

（二）运输与摊铺

1. 运输

运输车辆的安排要保证沥青拌和场一小时产量的运量，同时要保证摊铺机前始终有车辆在排队等候卸料。

运送沥青混合料车辆的车厢底板面及侧板必须清洁，不得粘有有机物质，为防混合料粘在车厢底板可涂刷一薄层油水混合液。

为了保持沥青混合料的温度，以及防止灰尘污染混合料，运料车上均要覆盖篷布，并采用大型自卸车运输，运送到现场的沥青混合料温度不低于135℃。不符合温度要求或已经结成团块、已遭雨淋湿的混合料应废弃。

2. 摊铺

在进行沥青路面摊铺前有必要对路面基层再次进行检查，把质量隐患消灭在下道工序之前。通常检查的内容有基层表面沥青封层有无损坏、平整度、横坡、宽度、高程等是否符合要求，同时，在沥青混合料接触的构造物表面涂上黏层沥青。摊铺前，工程技术人员首先进行施工放样，设置找平基准线，直线段每10m设一桩，平曲线段每5m设一桩，把挂线专用桩打在两侧路面边缘外0.3~0.5m的地方，挂线的高度即为摊铺松铺高度。分别制作上、下面层的标准垫块，通过试验段铺筑的成功经验，确定摊铺速度、振动振捣频率、松铺系数、碾压速度、碾压遍数、路面最低碾压温度等数据。

为了提高路面平整度，摊铺速度与材料进场速度要相匹配，保证摊铺机在一个作业段内连续不断地摊铺。在施工过程中要合理地安排沥青混凝土进场计划，以防沥青混合料降温过多，造成损失。下面层摊铺采用拉钢丝走基准线的方法来控制高程、平整度和横坡，上面层采用浮动基准梁进行摊铺，确保摊铺厚度和平整度。

摊铺前，摊铺机要提前 30 分钟就位，并将熨平板预热到 120℃ 后，再进行摊铺，沥青混合料的摊铺温度不低于 130℃，通常采用两台摊铺机组成梯队联合摊铺，两台摊铺机前后的距离一般为 10~30m，前后两台摊铺机轨道重叠 50~100mm。当采用一台摊铺机全幅摊铺时，须进行试铺，必须确保混合料的离析程度不致影响沥青路面的质量，经监理工程师同意后方可采用。

摊铺过程不得随意变换速度或中途停顿，摊铺后的混合料，不得用人工反复修整，但出现下列情况时除外：

①横断面不符合要求，构造物接头部分缺料。

②摊铺带边缘局部缺料，表面明显不平整。

③局部混合料明显离析，摊铺机后有明显的拖痕。

摊铺好的沥青混合料应紧跟着碾压，如因故不能及时碾压或遇雨时，要立即停止摊铺，并做好沥青混合料的保温工作。下面层路面摊铺完成后尽快安排上面层的摊铺，如间隔时间较长，下面层表面受到污染时，摊铺上面层前应对下面层表面进行清扫，并视情况适量洒布透层沥青。

3. 碾压

碾压作业在混合料处于能获得最大密实度的温度下进行，开始碾压温度一般不低于120℃，碾压终了温度钢轮压路机不低于 70℃，轮胎压路机不低于 80℃，振动压路机不低于 65℃。压实工作按铺筑试验路面确定的压实设备的组合和程序进行。

碾压的一般程序为初压、复压、终压 3 个阶段。由于该工程使用的摊铀机具有双夯锤振捣装置和机械振动装置，并可根据混合料类型和摊铺厚度调整振动频率，使摊铺后路面的预压实度达到 80% 以上。为此，可采取用压路机紧跟着摊铺机静碾 1 遍、振碾 2 遍后用重型轮胎压路机碾压 4~6 遍，然后用振动压路机振碾 1 遍，静碾 1~2 遍，并以消除轨迹为度。压实由外侧向路中心进行，相邻碾压带均应重叠一定的轮宽，压路机行走的路线来回都应是直线，每次由两端折回的位置呈梯形随摊铺机向前推进，使折回处不在同一横断面上。轮胎压路机的轮胎气压注意保持一致，以防止轮胎软硬不一而影响平整度。路面温度降到 70℃ 以下时，不能再碾压。碾压速度保持慢而均匀，一般初压速度为 1.5~2km/h，复压速度振动压路机为 4~5km/h，轮胎压路机为 3.5~4.5km/h，终压速度为 2~3km/h，在摊铺机连续摊铺时压路机不得随意停顿。

在沿着路缘石或压路机压不到的其他地方，采用小型压实机把混合料充分压实。已经完成碾压的路面，不得修补表皮。

沥青路面的碾压方法不是一成不变的，因为压实质量与压实温度有直接的关系，而摊铺后混合料温度是在不断变化的，特别是摊铺后 4~15 分钟内，温度损失最大，因此，必须掌握好有效压实时间，适时碾压，并根据摊铺厚度、自然条件及时调整碾压方法，确保压实质量。

4. 接缝

横向接缝处理的好坏，直接影响到沥青路面平整度和行车舒适性。铺筑时应尽量把横向接缝设在构造物的连接处，如无法避免时，在施工结束时，摊铺机在接近端部前约 1 米处将熨平板稍稍抬起驶离现场，用人工将端部混合料铲齐后再予碾压，然后用 3 米直尺检查平整度，趁尚未冷却时垂直切除端部厚层不足的部分，使下次施工时成直角连接。重新摊铺前，应用 3 米直尺仔细检查端部平整度，当不符合要求时应予清除。符合要求后，在垂直面上涂上黏层沥青，摊铺时调整好预留高度，摊铺后及时进行碾压，碾压先用钢轮压路机进行横向碾压，碾压带的外侧应放置供压路机行驶的垫木，碾压时，压路机位于已压实的混合料层上，碾压新铺层的宽度为 15cm。然后每压一遍向新铺混合料移动 15~20cm，直至全部压在新铺层上为止，再改为纵向碾压。接缝处施工后，再用 3 米直尺检查平整度，当有不符合要求之处应趁混合料尚未冷却时立即处理，以保证横向接缝处的路面平整度。另外，应注意相邻两幅或上下层的横向接缝均要错位 1 米以上。

5. 质量控制

在摊铺过程中，时刻注意外观的检验，发现情况及时处理，确保表面平整密实、边线整齐，无泛油、松散、裂缝、啃边和粗细集料集中等现象，表面无明显轨迹，横缝紧密、平顺，面层与路缘石及其他构筑物衔接平顺，无积水现象。

三、水泥混凝土路面施工技术

（一）施工放样

施工前根据设计要求利用水稳层施工时设置的临时桩点进行测量放样，确定板块位置和做好板块划分，并进行定位控制，在车行道各转角点位置设控制桩，以便随时检查复测。

（二）支模

根据混凝土板纵横高程进行支模，模板采用相对应的高钢模板，由于是在水泥稳定碎石层上支模，为便于操作，先用电锤在水泥稳定碎石层上钻孔，孔眼直径与深度略小于支撑钢筋及支撑深度，支模前根据设计纵横缝传力杆拉力杆设置要求对钢模进行钻孔、编号，并严格按编号顺序支模，孔眼位置略大于设计传力杆、拉力杆直径，安装时将钢模垫至设计标高，钢模与水泥稳定砂石层间隙用细石混凝土填灌。以免漏浆，模板支好后进行标高复测，并检查是否牢固，水泥混凝土浇筑前刷脱模剂。

（三）混凝土搅拌、运输

混凝土采用现场集中搅拌混凝土，提前按照设计要求进行试验配合比设计，要求搅拌时严格按试验室提供的配合比准确下料。混凝土采用混凝土运输车运送。

（四）钢筋制作安放

钢筋统一在场外按设计要求加工制作后运至现场，水泥混凝土浇筑前安放。

一是自由板边缘钢筋安放。自由板边缘钢筋安放，离板边缘不少于5cm，用预制混凝土垫块垫托，垫块厚度为4cm，垫块间距不大于80cm，两根钢筋安放间距不少于10cm。在浇筑混凝土过程中，钢筋中间保持平直，不变形挠曲，并防止移位。

二是角隅钢筋安放。在混凝土浇筑振实至与设计厚度差5cm时安放，距胀缝和板边缘各为10cm，平铺就位后继续浇筑、振捣上部混凝土。

三是检查井、雨水口防裂钢筋安放同自由板边缘钢筋安放方法。

（五）混凝土摊铺、振捣

钢筋安放就位后即进行混凝土摊铺，摊铺前刷脱模剂，摊铺时保护钢筋不产生移动或错位。即混凝土铺筑到厚度一半后，先采用平板式振动器振捣一遍，等初步整平后再用平板式振动器再振捣一遍。振捣时，振捣器沿纵向一行一行地由路边向路中移动，每次移动平板时前后位置的搭头重叠面为20cm左右，不漏振。振动器在每一位置的振动时间一般为15~25s，不得过久，以振至混凝土混合料泛浆、不明显下降、不冒气泡、表面均匀为度。凡振不到的地方如模板边缘、进水口附近等，均改用插入式振动器振捣，振动时将振动棒垂直上下缓慢抽动，每次移动间距不大于作用半径的1.5倍。插入式振动器与模板的间距一般为10cm左右。插入式振动器不在传力杆上振捣，以免损坏邻板边缘混凝土。经平板振动器整平后的混凝土表面，基本平整，无明显的凹凸痕迹。然后用振动夯样板振实整平。振动夯样板在振捣时其两端搁在两侧纵向模板上，或搁在已浇好的两侧水泥板上，作为控制路面标高的依据。自一端向另一端依次振动两遍。

（六）抹面与压纹

混凝土板振捣后用抹光机对混凝土面抹光后用人工对混凝土面进行催光，最后一次要求细致，消灭砂眼，使混凝土板面符合平整度要求，催光后用排笔沿横坡方向轻轻拉毛，以扫平痕迹，后用压纹机进行混凝土面压纹，为保证压痕深度均匀，控制好压纹作业时间，压纹时根据压纹机的尺寸，用角铁做靠尺，规格掌握人可以在其上面操作而靠尺不下陷，沾污路面为原则。施工中要经常检查靠尺的直顺度，发现偏差时及时更换。

（七）拆模

拆模时小心谨慎，勿用大锤敲打以免碰伤边角，拆模时间掌握在混凝土终凝后 36~48 小时，以避免过早拆模损坏混凝土边角。

（八）胀缝

胀缝板采用 2cm 厚沥青木板，两侧刷沥青各 1~2mm，埋入路面，板高与路面高度一致。在填灌沥青玛蹄脂前，将其上部刻除 4~5cm 后再灌沥青玛蹄脂。

（九）切缝

缩缝采用混凝土切割机切割，深度为 5cm，割片厚度采用 3mm，切割在拆模后进行，拆模时将已做缩缝位置记号标在水泥混凝土块上，如横向缩缝位置正位于检查井及雨水口位置，重新调整缩缝位置，原则上控制在距井位 1.2m 以上。切割前要求画线，画线时与已切割线对齐，以保证同一桩号位置的横缝直顺美观，切割时均匀用力做到深度一致。

（十）灌缝

胀缝、缩缝均灌注沥青胶泥，灌注前将缝内灰尘、杂物等清洗干净，待缝内完全干燥后再灌注。

（十一）养护

待公路混凝土终凝后进行覆盖草袋、洒水养护，养护期间不堆放重物，行人及车辆不在混凝土路面上通行。

第四节　高速公路绿化景观施工

高速公路绿化工程是体现高速公路服务质量、服务水平的一个重要指标，其对提升高速公路在人们心中的地位，乃至相关区域的吸引力和经济增长都发挥着巨大作用。在这种发展形势下，对高速公路绿化工程展开系统的研究则显得十分必要和迫切。

高速公路绿化工程包括自然绿化工程和人为绿化工程。其中，自然绿化工程指天然形成的地形、地貌和地物，如大海、平原、山区、草原、森林等绿化工程；人文绿化工程是指人类为满足物质和精神生活的需求，要重视生态建设的理念，要回复自然，与周边原有生态相融合。

一、高速公路绿化工程作用

高速公路绿化工程作为公路建设的一个重要组成部分，对于提高交通安全性和舒适性，缓解公路施工给沿线地区带来的不良影响，保护自然环境和改善生态环境等都具有极其重要的意义。

高速公路绿化工程对公路起到保护作用，树木或草坪通过树冠、根系、植被覆盖等可以固着土壤、涵养水源、阻止或减少地表径流、降低雨水冲刷路基的危害，在高填方路段，这种作用更加明显。绿化后的环境将比露天地区气温低 5~6℃，而且湿度较大，且变化缓慢，可以打造特殊的"小气候"，这样可以调节路面温度与湿度，对防止路面老化起到一定的作用。

高速公路绿化工程改善交通条件，为高速行车提供保障。通过视线诱导来指示驾驶员道路前进的方向。尤其是在竖曲线顶部和弯道等路线走向不明了地段，可以使路线走向变得十分明显，有利于驾驶员的安全行车。在车辆驶入光线很差的隧道中时，由于人的眼睛不能立即适应明暗的变化，往往会产生短暂的视觉障碍，因此，在隧道两侧种植一些树木，利用树荫来调节隧道内外的明暗强度，对行车安全十分有利。

高速公路绿化工程美化路容、改善环境，使旅途变得更加舒适。当公路沿线有四季常青的树木以及点缀其间的各种花草人工造景时，可以产生与自然交融、气势壮观的感觉，给人们以优美、舒适的享受，有益于人们的身心健康。

二、铺设表土

（一）一般规定

表土应为符合要求的种植土；铺设表土平整，厚度、排水应符合设计要求。

（二）施工准备

一是施工前应调查土源和土质，土质应为符合要求的种植土；土质条件差可采取相应的消毒、施肥和客土等措施改良土质，以满足种植要求；铺设表土平整，厚度、排水应符合设计要求。

二是施工前应调查边坡坡度和铺筑厚度，了解设计种植物种。

（三）施工要点

一是施工单位应确定挖取的表土以及恢复该地区的安排，采集地在用地界外应经有关机构批准。

二是地表面的准备覆盖表土范围的地表面，应进行深翻，将土块打碎使之成为均匀的种植土，不能打碎的土块，大于25mm的砾石、树根、树桩和其他垃圾应清除并运到监理工程师同意的地点废弃。通过翻松、加填或挖除以保持地表面的平整。

三是铺设。准备工作完成后，应即铺设表土，当表土过分潮湿或不利于铺设时，不应进行铺设，除非另有规定。表土铺设完成后，其表面标高应比路缘石、集水井、人行道、车行道或其他类似结构低25mm。表土铺设达到要求厚度后，其完成的工程应符合图纸所要求的线形、坡度、边坡。铺设后，施工单位应用机具将表土滚压，并形成至少深50mm的纵向沟槽，全部铺设面积应具有均匀间隔的沟槽，其方向宜垂直于天然水流，以利于排水，但图纸另有要求者除外。

（四）质量要求

表土质量应为松散的、具有透水作用并含有有机物质的土壤，能助长植物生长，不应含有盐、碱土，且无有害物质以及大于25mm的石块、棍棒、垃圾等。

三、铺植草皮

（一）一般规定

一是草皮应为符合设计要求的品种，整体图案美观。

二是草皮应无枯黄、无明显病虫害、无连续空白。

（二）施工准备

一是施工前应全面了解铺植草皮品种。

二是施工前做好机铺植草皮机具和材料的准备工作。

三是施工前应做好液压喷草的技术交底工作。

（三）施工要点

1. 选择草皮

应选择适合于当地气候条件、易于生长，同时具有耐旱、耐涝、容易生长、蔓面大、根部发达、茎低矮强壮和多年生长的特性的草种。

2. 场地准备

①施工单位应按绿化工程布置的图纸标出种植地段、种植位置及品种的轮廓，并进行放样。

②种植场地应修整到设计的线形和坡度，并具有舒顺的外形，清除场地中所有大土块、石块、硬土及其他杂物和不适于种植的材料，未处理好的表土和底土应分开。

③在铺植时，先在场地内铺设 30mm 厚的符合要求的表土。

3. 草皮验收

①施工单位应在铺植工作前提供有关草皮供应来源的全部资料。

②草皮应符合设计要求，并符合现行关于植物病害及虫传染检疫的法规的要求，须提供必要的全部检疫证明。

4. 草皮铺植

在铺植地表的准备工作完成以后，即可铺植草皮，铺草皮时，除平铺外，在边坡较高较陡之处也可铺植，即自坡脚处向上钉铺，用小尖木桩或竹签将草皮钉固于边坡上，铺植的形式，按图纸要求。

5. 草皮养护

铺植后应进行喷灌浇水养护，并对草皮进行拍打，养护初期应让草皮保持湿润状态，根据天气情况控制浇水量，结合浇水进行病虫害的防治和生长期追肥，使其顺利进入生长旺盛期。在草皮成坪、苗木生长正常后逐渐减少浇水次数，锻炼植物的适应能力，但在一年内尤其在旱季要视天气情况对其进行定期护理，逐步进入自然生长状态。

（四）质量要求

一是绿地草坪应符合设计要求，整体图案美观。

二是草坪应无杂草、无枯黄、无明显病虫害，无连续 $0.5m^2$ 以上空白面积。

三是草坪应整洁，表面应平整，微地形整理应符合设计要求，不应有明显集水区。

四是草坪成活率应≥95%。

五是如果有绿化喷灌设施应能正常运转。

四、液压喷草

（一）一般规定

坡面绿化符合设计要求，草灌成活，分布均匀，整体效果美观。

（二）施工准备

一是施工前应全面了解铺植草皮品种。

二是施工前应做好液压喷草机具和材料的准备。

三施工前应做好液压喷草的技术交底工作。

（三）施工要点

1. 坡面检验及修整

对于一般坡面应进行常规处理——刷除多余土方、平整竖向冲沟、耙松光滑坡面表土，对于坡率大于 1∶1 的陡坡应对坡面进行特殊处理，沿等高线开挖凹槽、植沟或蜂窝状浅坑。

2. 搅拌混合

采用设计要求的混生互补的草种与肥料、黏合剂、保水剂、内覆纤维材料、色素及水等按规定比例放入混料罐内，通过搅拌器将混合液搅拌至全悬浮状。

3. 机械喷播

采用的机具进行喷播植生，在喷播施工过程中，喷枪应左右各偏 45～60° 范围以全扇面或半扇面沿喷播路线依次按最佳着地点要求实施喷播，并注意左右扇面搭接，喷播施工时应注意风向，应避免逆风喷播，大风、大雨应停止喷播施工。

4. 铺设无纺布

完成喷播植生施工后，应及时铺设外层覆盖材料——无纺布，采用单层 $14g/m^2$ 规格或双层 $10g/m^2$ 规格的无纺布，无纺布铺设后，应采用 U 形钉或竹签及时固定，在风口处还应在其上下压土（石）、中部拉绳加固。无纺布的覆盖待苗出齐后揭除。

5. 养护管理

植物喷播完毕后，应在草种发芽、成坪期和苗木恢复生根期进行养护工作，在这个时期每天保持基质层湿润，根据天气情况控制浇水量，结合浇水进行病虫害的防治和生长期追肥，使其顺利进入生长旺盛期，在草苗成坪、苗木生长正常后逐渐减少浇水次数，锻炼植物的适应能力。但在一年内尤其在旱季要视天气情况对其进行定期护理，逐步进入自然生长状态。

6. 补充栽种乔、灌木

为达到高速公路上边坡草、灌相结合，恢复边坡生态，若确有客观原因喷播后草、灌木成活率及生长情况不符合设计要求时，应在适当的季节，根据附近自然植被生长情况和播种草、灌木生长情况，按设计要求在施工坡面补喷草种或挖坑栽种灌木并进行养护，确保边坡植被恢复的长期景观效果。

（四）质量要求

一是选择适合当地气候条件、易于生长的草（灌）种，混合草（灌）种应试验其萌芽情况，其纯度和萌发率均应达到90%以上。

二是各种草（灌）种、肥料、黏合剂、保水剂要严格按设计要求参配。

三是坡面应无杂草、无枯黄、无明显病虫害，草灌成活率应≥95%。

五、客土喷草

（一）一般规定

坡面绿化符合设计要求，草灌成活，分布均匀，整体效果美观。

（二）施工准备

一是施工前应全面了解客土喷草品种。

二是施工前应做好客土喷草机具和材料的准备。

三是施工前应做好客土喷草的技术交底工作。

(三) 施工要点

1. 坡面检验及修整

在岩质坡面基材客土植生，应清理边坡上的杂物，并对坡面做简易休整，边坡特别凸起的地方应削掉，如果是稳定的有景观效果的孤石，可以保留，特别凹陷的地方应用石块填补，使坡面大致平顺，另外坡顶和可视断面也应一并修整，以保持整个边坡线条明畅。

2. 打设锚杆

采用设计规定的锚杆用风钻打孔，孔偏差不大于 5cm，锚杆采用 M30 水泥砂浆固定。

3. 铺设镀锌铁丝网

铺设镀锌铁丝网由上而下进行，铁丝网采用设计规定的镀锌铁丝网，网与网之间采用平行对接方法，不重复搭接，坡顶延伸至与原生态植被相接，开沟并用锚钉固定后回填土，搭接处按设计规定用铁丝绑扎固定。

4. 粉碎种植土

符合要求的种植土干燥后运至加工处理场内，采用粉碎机粉碎至粉细土状，并进行筛分以保证最大粒径小于 10mm。

5. 搅拌混合

种植基材加工时应严格执行设计文件提供的基材配方，将粉碎好的种植土、泥炭土、纤维、复合肥、土壤保水剂、固土剂、腐殖酸、硅酸盐类强力接合剂等原料，用搅拌机搅拌均匀备用，加工处理好的基材，应在使用过程中加强保管、避免雨淋、防止受潮。

6. 机械喷播客土

完成边坡挂铁丝网施工并经质量检测合格后，严格按设计要求，采用专用机械喷射种植基材，可依据不同坡面采用干喷技术或湿喷技术，基材喷射施工可分块实施，在喷射施工时，在坡面上每 100m^2 用钢筋头设置指示桩标示喷射厚度，确保种植基材的厚度和均匀性。

7. 液压喷播植草

采用的机具进行喷播植生，在喷播施工过程中，喷枪应左右各偏 45～60° 范围以全扇面或半扇面沿喷播路线依次按最佳着地点要求实施喷播，并注意左右扇面搭接，喷播施工时应注意风向，应避免逆风喷播，大风、大雨应停止喷播施工。

8. 铺设无纺布

完成喷播植生施工后，应及时铺设外层覆盖材料——无纺布，采用单层 14g/m^2 规格

或双层 $10g/m^2$ 规格的无纺布，无纺布铺设后，应采用 U 形钉或竹签及时固定，在风口处还应在其上下压土、中部拉绳加固，无纺布的覆盖待苗出齐后揭除。

9. 养护管理

植物喷播完毕后，应在草种发芽、成坪期和苗木恢复生根期进行养护工作，在这个时期每天保持基质层湿润，根据天气情况控制浇水量，结合浇水进行病虫害的防治和生长期追肥，使其顺利进入生长旺盛期。在草苗成坪、苗木生长正常后逐渐减少浇水次数，锻炼植物的适应能力，但在一年内尤其在旱季要视天气情况对其进行定期护理，逐步进入自然生长状态。

10. 补充栽种乔、灌木

为达到高速公路上边坡草、灌相结合，恢复边坡生态，若确有客观原因喷播后草、灌木成活率及生长情况不符合设计要求时，应在适当的季节，根据附近自然植被生长情况和播种草、灌木生长情况，按设计要求在施工坡面补喷草种或挖坑栽种灌木并进行养护，确保边坡植被恢复的长期景观效果。

（四）质量要求

一是选择适合当地气候条件、易于生长的草（灌）种，混合草（灌）种应试验其萌芽情况，其纯度和萌发率均应达到 90% 以上。

二是对草种、肥料、锚杆、铁丝网等原材料应加强质量控制，经常进行日常检验。

三是各种草（灌）种、肥料、黏合剂、保水剂要严格按设计要求参配。

四是严格按施工工艺要求进行施工，保证锚杆数量、铁丝网的规格、基材的厚度、后期的养护管理。

五是完成的坡面应无杂草、无枯黄、无明显病虫害。

六、乔木、灌木和攀缘植物

（一）一般规定

一是种植植物品种宜选用适宜当地气候和地质条件的本土植物为主。

二是所有植物应考虑公路沿线地区特点，选择适合于当地气候条件易于生长的、有丰满干枝体系和苗壮的根系。植物应无缺损树节、擦破树皮、受风冻伤害或其他损伤，植物外观应显示出正常健康状态，能承受上部及根部适当的修剪，所有植物应在苗圃采集。

三是乔木应具有挺直的树干、良好发育的枝杈，根据其自然习性对称生长。

四是运到现场的乔木高度应符合图纸要求，其胸径应不小于 30mm。

五是不允许采用代替品种，除非证实在承包期内的正常种植季节采集不到规定的植物。只有经监理工程师同意后，才允许种植代替品种。

六是各类植物应在公路所经当地的最适宜的季节进行种植，除非图纸上另有标明或监理工程师指示，土壤条件不适合种植时不应种植。

（二）施工准备

一是施工前应全面了解乔木、灌木和攀缘植物品种。

二是施工前应做好乔木、灌木和攀缘植物的机具和材料的准备。

三是施工前应做好乔木、灌木和攀缘植物的技术交底工作。

（三）施工要点

1. 植物段

①在运出植物前，应由园艺人员按起苗、调运等技术要求负责将植物挖出、包扎、打捆，以备运输；任何时候，植物根系应保持潮湿、防冻、防止过热。落叶树在裸根情况下运输时，应将根部包涂黏土浆，使根的全部带有泥土，然后包装在稻草袋内。所有常青树及灌木的根部，均应连同掘出的土球用草袋包装。运到工地及种植前，这些土球应结实，草包应完好，树冠应仔细捆扎以防止枝杈折断。

②植物以单株、成捆、大包或容器内装有一株或多株植物运到工地时，均应分别系有清楚的标签，标明植物名称、尺寸、树龄或其他详细资料，这对鉴别植物是否符合规定是必要的。当不能对各单株植物分别标明时，标签内应说明成捆、成包以及容器内的各种规格植物的数量。

2. 储存和保护

①运到工地后一天内种不完的植物，应存放在阴凉潮湿处，以防日晒风吹，或暂进行假植。

②裸根树种应将包打开，放在沟内，根部暂盖壅土，并保持湿润。

③带有土球及草袋包装的植物，应用土、稻草或其他适当材料加以保护，并保持土、稻草等潮湿，以防根系干燥。

3. 种植准备

①施工单位应按绿化工程布置的图纸标出种植地段、种植位置及苗木品种和规格，并进行放样，在种植之前这些布置应得到监理单位的检查认可。尚应做到：种植穴、槽定点

放线应符合设计图纸要求，位置应准确，标记明显；种植穴定点时应标明中心点位置；种植槽应标明边线；定点标志应标明树种名称、规格；行道树定点遇有障碍物影响株距时，应与设计单位取得联系，进行适当调整。

②种植地段应修整到符合监理单位指示的线形和坡度，并具有舒顺的外形。在种植中所有大土块、石块、硬土及其他杂物和不适于种植的材料，均应由施工单位自工地移走。处理好的表土和底土应分开，并得到监理单位认可。

③在种植时，先在坑底松填约150mm厚的表土。

4. 刨坑

（1）刨坑刨槽的规格要求

刨坑刨槽位置要准确，坑径应根据根系、土球大小及土质情况而定，刨坑刨槽要直上直下成桶形，不得上大下小或上小下大，以免造成窝根或填土不实；坑径一般可比植物的根系或土球直径大 0.2~0.3m，具体应符合规范和设计要求；如遇土质过黏、过硬或含有有害物质如石灰、沥青等，则应适当加大坑径。

（2）刨坑的操作

刨坑时应以所定位置为中心，按规定坑径画一圆圈作为刨坑的范围。

挖坑时应把表土与底土分别置放，不同的土质亦应分开堆放。堆放位置以不影响栽植为宜。刨坑到规定深度后在坑底垫底土。挖坑的坑壁要随挖随修使其呈直上直下形状，不要呈锅底形。刨坑时如发现地下管道、电缆等地下设施应停止操作，并及时向监理单位报告，请示处理办法。在斜坡处挖坑应先做成一平台，平台大小应以坑径最低规格为依据，做成后在平台上成坑。在土层干燥地区应于种植前浸穴。挖穴、槽后，应施入腐熟的有机肥作为基肥。

5. 栽植

①修剪工作对高大乔木应在散苗前后进行，即在栽植前进行，高度3m以下无明显主尖的乔木和灌木为了保证栽后高矮一致、整齐美观，可在栽植后修剪，疏剪的剪口应与树干平齐不留枯干以免影响愈合；短截时注意留外芽，剪口距芽位置要合适，一般离芽10mm 左右，剪口应稍斜成马蹄形；修剪20mm以上的大枝剪口应涂防腐剂，可促进愈合和防止病虫雨水侵害。

②散苗、散露根苗应掌握随掘随运随散苗、随栽植，尽量缩短根部暴露时间以利成活。散苗时要轻拿轻放，行道树散苗要顺路的方向放树苗，不得横放路上影响交通；散带土球树木，要注意保护土球完整，搬运土球时不得只搬树干，尽量少滚动土球。

③栽植前对露根苗的根系要进行修剪，将断根、劈裂根、感染病虫害根、过长的根剪

去，剪口要平滑，带土球苗和灌木应将围拢树冠的草绳剪断。

④栽植前应检查坑的大小，深度是否与根系、土球规格标准要求的坑径一致，不符时应修整。

⑤栽树时不得歪斜，要保持树木上下垂直，有树弯时应掌握树尖与根部在一垂直线上，行道树的树弯应在顺路的方向，与路平行。

⑥应由有经验工人，按照正常做法，进行种植和回填土，植物应垂直地栽好，比在苗圃的种植深度加深 20~30mm。种植前的乔木和灌木应经监理单位检查认可。

⑦对裸根植物，先将表土放在坑底，其松散厚度约 150mm，随即撒布适量有机肥，在肥料上覆盖 50~100mm 回填土层，使根系不接触肥料。随后将裸根植物放在树坑中央，以自然形态散开根系，所有折断或损坏的根系，应予截去，促使根部生长良好。

在树坑四周及其上回填土后捣固并适当压紧，当回填到根系一半深度时，将植物稍提起，随即再按每层厚 150mm 回填土并压实。植物四周应由土围成与树坑大小相同的浅盆形凹穴的蓄水池，深约 150mm。

⑧栽行道、行列树应横平竖直，栽植时可每隔 10 或 20 株按规定位置准确地栽上一株作为前后植树对齐的依据，然后再分别栽植。

⑨根部带有土球的植物，应和上述⑦一样进行处理，并将表土及肥料放在穴内。随即将乔木或灌木垂直栽在坑底放稳，栽种深度应比苗圃时深 25mm。回填土随即填在植物土球周围并捣实。土球上部的麻袋应割开并移去，将土球上部的土松开并摊平，然后将其余回填土填下，还应做好浅土盆的蓄水池。

⑩栽植较大规格的常绿树和高大乔木时应在栽植同时埋上支柱，支柱应埋深在 0.3m 以下，支柱要捆牢，并注意不要使支柱与树干直接接触以免磨伤树皮。立支柱方向应在下风口。

⑪在种植后应按图纸要求，对乔木或灌木浇水，并要浇透，半月之内，再浇透水 2~3 次。其后每周一般浇水一次，视气候情况而定，直到植物成活为止。

⑫对于在中央分隔带栽植起防眩作用的树木，其高度和株距应符合图纸要求，如图纸无规定，则树高宜 1.6m，株距宜 2.0m。

（四）质量要求

一是新种植的乔木、灌木、攀缘植物，应在一个年生长周期满后方可验收。

二是地被植物应在当年成活。

三是花坛种植的一、二年生花卉及观叶植物，应在种植 15d 后进行验收；春季种植的宿根花卉、球根花卉，应在当年发芽出土后进行验收。秋季种植地应在第二年春季发芽出土后验收。

四是种植应按设计图纸要求核对苗木品种、规格及种植位置。

五是规则式种植应保持对称平衡，行道树或行列种植树木应在一条线上，相邻植株规格应合理搭配，高度、干径、树形近似，种植的树木应保持直立，不得倾斜，应注意观赏面的合理朝向。

六是种植绿篱的株行距应均匀。树形丰满的一面应向外，按苗木高度、树干大小搭配均匀。在苗圃修剪成形的绿篱，种植时应按造型拼栽，深浅一致。

七是种植材料的覆盖物、包装物等应及时进行清理，不得随意乱弃，避免造成环境污染。种植带土球树木时，不易腐烂的包装物应拆除。

八是珍贵树种应采取树冠喷雾、树干保湿和树根喷布生根激素等措施。

九是种植时，根系应舒展，填土应分层踏实，种植深度应与原种植线一致。

十是种植胸径 50mm 以上的乔木，应设支柱固定。支柱应牢固，绑扎树木处应夹垫物，绑扎后的树干应保持直立。

十一是攀缘植物种植后，应根据植物生长需要，进行绑扎或牵引。

十二是绿化工程质量验收应符合下列规定：花卉种植地应无杂草、无枯黄，各种花卉生长茂盛；草坪无杂草、无枯黄；绿地整洁，表面平整；种植的植物材料的整形修剪应符合设计要求。

十三是不同部位绿化工程质量验收标准应按相关规范执行。

第五节　立交桥施工技术

一、立交桥概述

立交桥全称为"立体交叉桥"，是指在两条以上的交叉道路交会处建立的上下分层、多方向互不相扰的现代化桥梁，包括立体交叉工程中的下沉式隧道。由于建设成本较高，通常只在高速公路互通、城市干道或快速路之间的交会处建设，主要作用是使各个方向的车辆不受路口上的红绿灯管制而快速通过。

（一）桥梁特征

立交桥是一种现代化桥梁工程，以多层道路在三维空间上形成立体交叉为基本特征。它是人类交通现代化和生活地区城镇化的必然产物、城市公共基础设施之一，是当代社会高效运输体系中不可或缺的重要一环。

1. 狭义立交桥

狭义立交桥是指多条道路在交会口处以高架桥形式实现平面分离和立体交叉且能实现半全互通的桥梁工程，对象仅限于汽车和公路，不包括单纯的公路铁路跨线桥或支路天桥等。

2. 广义立交桥

广义立交桥是指为了解决多条陆地运输线路上多方向车辆在交会处的冲突问题而建设的呈多层结构和立体交叉的桥隧工程，对象可泛指所有陆地车辆运输工具及其所在的线路主体结构设施。

（二）功能作用

一是减少或消除原平面上不同方向或类型的车辆冲突，可缓解拥堵，节约行车时间，以及增强行车安全等。

二是有些结构类型的立交桥能在一定限度上分流主路方向甚至支路方向上的交通量。

三是有些结构的立交桥可以增设掉头匝道，给车辆提供较安全的掉头环境且不影响主线车辆快速行驶。

四是可以减少或消除机动车与非机动车、行人等的混行概率，提高道路整体安全系数。

五是结合美学设计可作为当地的城镇名片，提升城市高大上形象，还有在桥墩等地方设广告摊位等潜在价值。

二、施工测量

（一）测量依据

一是根据业主提供的平面控制点与水准点为基准进行复测和引测。根据业主提供的有关测量资料、设计图纸、复测资料进行计算和测量放样。

二是以该工程执行的施工规范中的有关规定作为精度标准。

（二）平面控制测量

一是对施工现场及控制点进行实地踏勘，结合该工程平面布置图，建立施工测量平面控制网。在考虑通视条件、稳固状态、放样方便等各种因素，要求达到每200m设一个控制点。控制点在高架桥中心线两侧间隔分布，以建立通视情况良好的导线控制网。放样时每点至少有两个控制点做后视，以便校核。

二是定期对导线控制网进行闭合校验，保证各点位于同一系统。随着施工的进展，每个月至少复测一次，以求控制网达到精度要求。

（三）平面轴线测量

一是按图纸中结构不同的施工部位，分别制定不同的测量方法，以满足精度要求和施工进度要求。

二是桩基础施工时所需要的轴线，采用极坐标法进行放样，用全站仪直接放出桥墩中心点。然后将仪器架至桥墩中心点，后视控制点，定出切线，再转 90 度定出法线桩。如果一次无法投测到位，可以在附近适当位置临时转点，但转点次数尽量控制一次。

三是桩施工结束，采取同样方法确定承台位置。

四是承台浇注完毕后，所需要的轴线采取后方交会，定出偏移轴线，测站为承台上的任意点，根据该点坐标值计算出到中心点角度和距离，以极坐标法定出其他轴线。

五是箱梁施工阶段轴线放样。

箱梁底腹板轴线控制。在墩身施工完，而支架尚未搭设之时，对墩身顶进行中心点投测，并做好标志，为下道工序做好准备。在底模铺设和支架预压完毕，而墩顶尚未掩盖之时，以上述放样好的中心点为测站，以另一桥墩中心点后视，后视尽可能远，定出箱梁底模上的侧模边线。侧模的投测方法可采用支距法或坐标法。投测完毕之后，用钢卷尺校验底模两侧相对应的点之间的距离。该距离为理论的计算长度。

箱梁翼缘轴线的控制。此部分要控制的是桥面结构最外端的侧模轴线。由于箱梁翼缘与水平面存在一个角度，且全部朝向中心线倾斜。所以仍然采用桥墩中心点对其进行控制。

箱梁桥面轴线控制。桥面轴线的放样主要包括桥梁纵向轴线及部分横桥向轴线，尽量利用周围建筑物顶向桥面进行放样。若无法从周围建筑物顶向桥面放样，则采用自地面基准点，使用全站仪向桥面引入转站。以桥面上的转站为测站，后视地面控制点，进行桥面轴线的放样，定护栏的线形。

（四）高程控制测量

1. 施工高程控制网的建立

①根据业主提供的等级水准点，用精密水准仪进行引测，布置在施工区域附近。为保

证施工期间高程点的稳定性，点位设置在受施工环境影响小，且不易遭破坏的地方。

②考虑季节的变化和环境的影响，定期对水准点进行复测。

2. 箱梁以下部分的测量

①箱梁以下部分主要包括承台高程控制、墩身高程控制等。

②各部分的标高均直接采用高程控制网中的点位引测到施工部位，并按规定误差范围进行精度控制。

3. 箱梁以上部位的高程测量

①箱梁以上部分主要包括箱梁底板高程控制、翼缘高程控制、桥面高程控制等。

②箱梁底板部分的高程放样直接使用控制网中的点位，引测至梁两端的墩身上。使用模线连接两端标高，从而为底模的高程建立控制线。

③翼缘部分存在一个倾斜的底面，该部分采用控制网中的点，引测至桥跨两上端面翼缘的下方。由于翼缘底是倾斜的，所以建立高低两个控制标高。将两端标高点联系起来，便形成了翼缘底模的高程控制线。

④桥面系施工阶段，箱梁混凝土面已经达到设计强度。所以，只要将高程从地面高程控制点引至桥面进行施工控制。

（五）测量技术保证措施

一是经纬仪工作状态应满足竖盘垂直、水平度盘水平；目镜上下转动时，视准轴形成的视准面必须是一个竖直平面。

二是水准仪工作状态应满足水准管轴平行于视准轴。

三是用钢尺工作应进行钢尺鉴定误差、温度测定误差的修正，并消除定线误差、钢尺倾斜误差、拉力不均匀误差、钢尺对准误差、读数误差等，采取多次往返测量。

四是所有测量计算值均应立表，并应由计算人、复核人签字。

五是使用全站仪应进行加常数、乘常数、温差修改值的修正。

六是在仪器操作上，测站与后视方向应用控制网点，避免转站而造成积累误差。所有仪器操作均要进行换手复测。

七是在定点测量时应避免垂直角大于45°。

八是对易产生位移的控制点，使用前应进行校核。

九是每个月必须对控制点进行校核一次，避免因季节变化而引起的误差。雨后，也要及时对地面的控制点进行校核。

十是严格控制操作规程进行现场的测量定位和放样。

三、立交桥的施工技术

（一）钻孔打桩施工

1. 施工准备

施工前期应先平整好施工场地，做好准备工作，以便让钻机安装和就位更加方便；施工技术人员在泥浆池及沉淀池布设时需要根据设计图纸进行，并综合考虑各种因素的影响，为工程最终顺利进行提供必要条件。

2. 护筒制作及埋设

在进行护筒制作时，要合理确定护筒的制作材料厚度等，焊接应达到牢固且不漏水，并在护筒顶留出浆口的位置。进行护筒挖孔埋设时，要保证开挖的直径大于护筒直径，坑底夯平后，再进行护筒埋设，四周的回填土要分层对称夯实。

3. 泥浆循环

根据工程的实际情况选择合适的钻进方式，采用反循环钻进成孔，在钻机附近设置泥浆池，泥浆经过滤、沉淀后用泥浆泵将泥浆抽回桩孔内，保证泥浆循环。

4. 钻孔

钻孔前须控制好设计泥浆指标，钻孔的泥浆必须由良好的黏土和水拌和而成。泥浆比重应达到 1.02~1.06，黏度为 16~20Pa·s，新制泥浆含砂率不得超过 4%，泥浆 pH 值控制在 8~10。当发现坍孔现象时，应加大泥浆比重。

5. 清孔

钻孔达到设计要求后须对终孔进行检查，即完成清孔作业，清孔使沉淀层减薄，提高了孔底的承载力，保证了灌注混凝土的质量，成孔后按每钻进 4~6m 进行检孔作业，通过易缩孔土层要及时更换钻头。

6. 钢筋笼制作及吊装

钢筋笼制作时，根据设计图纸采用卡板成形或箍筋成形。钢筋笼加工好后，使用吊车进行吊装入孔。钢筋接头焊接时为了使上下钢筋笼轴线在同一垂线上可采用搭接双面焊，达到钢筋笼下端整齐，然后用加强箍筋全部封住，使混凝土导管或吸泥管能顺利升降，防止与钢筋笼卡挂。

7. 搭设灌注支架

灌注支架为移动支架时，首先把灌注架拼装好，作业时须移至孔位，以悬挂串筒、漏斗及导管。导管内壁平顺光滑，试用前进行水密承压试验，不得漏水。然后把导管分成若干段起吊入孔，用卡盘固定于护筒筒口，防止接头漏水，导管入孔对准钢筋笼中心，以防卡在钢筋笼上。

（二）系梁施工

在进行系梁基坑开挖时，以挖掘机开挖为主、人工进行配合，在开挖至基坑地面30cm时，可全部采用人工进行修整，以防超挖；对于开挖较深的基坑时，要编写专项基坑开挖方案，保证基坑开挖顺利进行，机械作业人员要注意对桩头及预留钢筋的保护。桩头清除时一般要保留5cm的深入系梁或承台，桩身伸入系梁的钢筋按设计规范要求应达到18cm，在进行钢筋笼制作时要充分预留。

钢筋制作应严格按图纸及技术规范进行；每块模板应不小于$2m^2$，模板接缝可用海绵条进行填塞，卡扣连接、钢管支撑，要保证模板的整体性和密封性，确保混凝土的外观质量符合设计规范要求。系梁拆除侧模后，不但要进行养护，而且还要对混凝土外观质量进行认真检查，自检合格并征得监理工程师同意后，可进行两侧对称回填，并进行夯实作业，以利墩台身施工。

（三）墩台身施工

为了减少接缝，保证墩台的外观质量，柱式墩身模板采用两半圆组合模板；制作柱模时，为了减少两节之间的错台，可采取在上下两节模板接头处加设法兰的方法，使外加型钢具有足够的强度和刚度；安装模板时应保证竖缝在一条直线上，以增加美观。

混凝土桥台台身可采用肋板式台身，肋板式台身采用组合钢板，严格按规范施工，混凝土由可采用拌和站集中拌和，输送车运送至工地，泵送（或吊车）入模的方法进行作业。混凝土灌注时采用自制多节串筒，以防止混凝土发生离析。

（四）盖梁施工

为确保混凝土外观质量和盖梁线形尺寸，根据设计标准，可自行进行模板设计，制作过程应充分考虑与实际工程的相应配套模板；为避免发生接缝处漏浆，模板接缝可采用错台搭接的方法。在墩身预留孔洞采用托架法施工，有效避免了支架下沉引起盖梁变形的问题。钢筋骨架是盖梁的主要承重部分，为保证工程质量，确保各部分尺寸无误，钢筋骨架可现场绑扎、焊接成形、整体吊装，各类钢筋的焊接采用符合规范要求的焊接设备和焊条，以保证强度。

第六节 高速公路沿线设施施工技术

一、高速公路护栏施工技术

防撞护栏按照其受力力学特性可分为刚性护栏、半刚性护栏和柔性护栏三种形式。防撞护栏，作为高速公路的必备设施，对高速行车安全、行车舒适度、高速公路景观、工程造价具有一定的影响，所以，在建设高速公路时，必须充分认识防撞护栏的各种特性，包括其防撞机理、工程造价、施工简易程度、养护成本、防眩设施设置及与通信管道配置等。对某一条高速公路选用哪一种防撞护栏还必须结合其具体工程条件做出选择。

公路防撞护栏按设置位置可分为路侧护栏和中央分隔带护栏。路侧护栏，是指设置于高速公路路肩上的护栏。目的是防止失控车辆越出路外，避免碰撞路边其他设施和车辆翻出路外。中央分隔带护栏，是指设置于公路中央分隔带内的护栏。目的是防止失控车辆穿越中央分隔带闯入对向车道，并保护分隔带内的构造物。

（一）模板制作

模板是保证防撞护栏个部尺寸和外观质量的基础。从模板制作开始就要高标准、严要求。过去，防撞护栏模板一般均采用木模，外包镀锌铁皮或冷轧黑铁皮。木模板具有投资少、易加工、易整修等优点，但也存在木材收缩变形大等问题，表现在铁皮易变形、表面平整度差、边缘变形多等。由于木材为弹性材料，做出的模板整体刚度差，所以，浇注混凝土以后护栏顺直度、平整度不易保证。近些年，护栏施工中用钢模板代替了木模板。首先，钢模板具有刚度大、平整度好、不易变形等优点，保证了混凝土表面平整光洁，线条顺直；其次，钢模板周转次数多，长期效益好，但一次性投资较大。钢模板在加工制作时，要考虑工程本身的特点和周转使用情况决定取材。常规做法是模板正面用 3mm 厚普通新钢板，根据护栏尺寸和形状决定用整板加工还是碎板拼接，无论用何种方法，都要保证钢模板的各部尺寸绝对准确，边缘顺直，钢板表面有良好的光洁度。其加固带间距视情而定，主要是保证模板在使用过程和吊装过程中不能变形。

（二）施工放线定位

立柱的放线定位对防撞护栏的外观质量影响最大，掌握好立柱定位放线的正确方法至关重要，根据施工图纸防撞护栏立柱位置是靠路缘石来确定，这就假设了路缘石的铺设，在纵向上是绝对平顺的，在横向上没有任何错位，而实际施工中并不是这样，路缘石的铺设在纵向和横向上与设计是有误差的，如果只按路缘石来放线定位，护栏立柱在纵方向上是不顺直的，安装护栏板后，线形局部会出现凸凹面。对此，可采取以下定位方法：

一是确定立柱的间距，以桥梁、通道、活动护栏口、立交、平交为控制点进行测距。立柱的间距分为 2m 和 4m 两种，2m 间距的为加强立柱，4m 间距的为普通立柱，而实际施工中经常出现异形间距，所安装的护栏板称异形板，异形板由于间距不定，所以制造难度大，又影响工程，因此，在确定立柱间距时尽可能减少异形间距。

二是立柱纵向位置的确定：先在路缘石上用红铅笔根据立柱间距画出横线，再用线绳和钉子顺路方向上放出一条线，反复调整线形，然后用红铅笔在这条线上画出与横线垂直的纵线，形成十字线。在打入立柱时，严格按立柱距十字线中心距离打入，这样就保证了立柱在纵向上的顺直度。

三是柱的高度控制：立柱的顶面是否平顺，决定了护栏板顶面的平顺，立柱高度是影响防撞护栏线形的最大因素。在最初的防撞护栏施工中，都是假设路缘石绝对按设计标高，按照施工图纸，立柱顶面标高高出路缘石 70cm，打入第一根立柱时，当打入立柱顶面至路缘石顶面 70cm 时，在打桩机导杆上记录下桩锤的位置，以后每打一根立柱，当桩锤下落到记下的位置时就说明立柱已经打到位了。

（三）浇注

混凝土拌和：拌和机手要严格控制用水量，拌和时间不小于 3min，保证混凝土拌和均匀及坍落度符合要求，并使拌和出的混凝土有较好的和易性。

浇注混凝土：混凝土浇筑时采用分三层的浇注方法。第一层浇注到护栏底部斜边下角变点，第二层浇注到斜边上角变点，第三层浇注到顶，由振捣人员控制三层混凝土的入模时间及方量。混凝土布料要均匀，严格控制振捣时间，每层混凝土振捣时间不小于 1min，不大于 1.5min。

收浆：护栏混凝土浇筑完成后，顶面采用三次收浆。第一次用木抹子抹平，第二次用铁抹子抹平初压光，第三次待混凝土初凝时用轧子用力压光。

拆模板：拆模是根据气温和混凝土强度而定，不承重构件 10~20h 即可拆模。拆模后应阴干半天，用掺加白水泥的水泥浆将气泡堵严并覆盖不污染混凝土的草帘洒水养生，不宜喷洒薄膜养护剂。对完成的防撞护栏混凝土进行全面检查，发现问题及时分析原因，及时纠正。

（四）栏板的安装

护栏板目前有镀锌和涂塑两种，镀锌层与一般钢铁相比，硬度较低，易受机械损伤，因此，在施工中要小心，要轻拿轻放，镀锌层受损后，在 24 小时内用高浓度锌涂补，必要时予以更换。安装时，首先把托架装到立柱上，固定螺栓不要拧太紧，然后用连接螺栓将护栏固定在托架上，护栏板与板之间用拼接螺栓相互拼接，如果拼接相反，即使是轻微的碰撞，也会造成较大损失。防撞护栏在安装过程中应不断调整，因此，连接螺栓和拼接螺栓不要过早拧紧，要利用护栏板上的长圆孔及时调整线形，使线形平顺，避免局部凹凸，待护栏的顶面线形比较满意时，再把所有螺栓拧紧。根据经验，安装护栏板以 3 人、5 人、7 人为一组最合适，安装方向与行车方向相反时比较容易安装。

（五）施工时应注意的几个问题

一是护栏施工时应准确掌握各种设施的资料，特别是埋设于路基中各种管道的准确位置，在施工过程中不允许对地下设施造成任何破坏。如遇地下通信管线、泄水管或涵顶填土深度不足时，应调整立柱位置，或改变立柱固定方式。

二是当立柱打入过深时，不得将立柱拔出矫正，须将其余全部拔出，将其基础重新夯实后再打入，或调整立柱位置。

三是桥梁护栏应安装法兰盘，注意法兰盘的定位和立柱顶面标高的控制。防撞护栏是高速公路的收尾工程，也是高速公路外观质量的重要组成部分。防撞护栏的内在质量在于原材料及加工过程，它的外观质量取决于施工过程，所以一定要不断总结经验，加强施工管理，使防撞护栏的外观质量均得以保证。

二、高速公路隔离设施施工技术

近年来我国高速公路迅速发展，四通八达的高速公路正在不断发挥其服务经济、社会的功能，给人民群众出行和生产生活物资的运输带来安全快捷。然而，随着路网结构的逐步完善，道路互通性不断增强，交通流量迅速增长，交通事故率也随之明显上升，高速公路的安全问题一直是人们热切关注的问题，尤其是高速公路的隔离设施设计。

（一）高速公路隔离设施作用

高速公路隔离设施作为道路（高速公路、桥梁）的基础安全设施，其设置是否合理关系到道路的安全、美观和经济性。对于护栏设置要经过慎重的考虑和细心的方案选择。综合来看，护栏的作用有以下几点：

一是有助于减少交通事故发生的概率。

二是降低交通事故的严重性。设计合理的道路隔离设施能够有效地吸收碰撞产生的能量，在交通事故中保护驾驶员及乘客的安全，使损失最小化。在一些特殊的道路环境中，隔离设施甚至可以力挽狂澜，挽救许多生命。

三是美化道路景观。许多特别设计的隔离设施考虑到了美观需要。有一些桥梁，部分道路的隔离设施设置了灯光照明，夜间不仅能够有效地引导驾驶员驾驶，还能使驾驶员心情愉悦，进一步减少了交通事故发生的概率。

（二）中央分隔带护栏的形式选择

1. 波形护栏

波形护栏分为分设型和组合型。中间的分隔带比较宽，而且在中间带内埋管线的路段设有分设型护栏，能减少越过中央分隔带的交通事故；一般不采用组合型护栏，因为其修复困难，中间分隔带是窄的、中间带很少有构造物的路段。

2. 混凝土护栏

低费用维护、高安全性、可利用地方材料是混凝土护栏最主要的特点，但随着经济的不断发展，汽车工业的不断革新，人类更加注重自身的安全，行车中更加注重保护司乘人员，以及人们审美意识的提高，混凝土护栏不能满足人们对护栏的要求，而且混凝土护栏会使司乘人员感到压抑，所以现在已经很少使用了。

三、高速公路防眩设施施工技术

高速公路采用分道行驶原则，照明车灯为照明效果采用一定散射角度的照明灯，车辆灯光会在行驶车辆纵向轴线上两侧发散，这种发散对高速公路对向车辆驾驶者造成干扰。干扰随车灯强度增加而增强，形成"炫目"现象，对行驶安全造成隐患。为消除这种隐患，一般采用隔离措施，即隔离对向车道上的灯光，即采用防眩措施。防眩要在有效遮挡对向车辆前照灯的眩光与满足横向通视要求间平衡选取。如采用完全遮光，会缩小司机的视野，驾驶者看不见斜前方，形成一种驾驶压迫感，同时影响巡逻管理车辆对对向车道的通视。实际防眩设施不需要很大的遮光角就可获得良好的遮光效果。因此，防眩设施采用部分遮光原理，允许部分车灯光穿过防眩设施。

（一）防眩措施

从不同角度分析，有部分遮光与全部遮光之分，考虑安全通车与停车视距要求，高速公路不能采用全部遮光措施，应采用部分遮光方法。部分遮光措施有植树、防眩板、防眩网等措施。

防眩网采用金属板材经过特种机械加工处理，形成网眼状的张料物体。防眩网多孔网格特点，可有效地保证防眩设施的横向通视，同时网格通过网影方法形成遮光效果，达到防眩和隔离的目的。

防眩网防眩效果依据网格密度与网格材料厚度而定，网格密度越大、网格材料越厚，防眩效果越好，但整体防眩网效果不佳，因此在高速公路上应用不多。

防眩网比较经济、通透性好、风阻小，经过镀锌涂塑双涂层能延长使用寿命，减少维护费用。安装便利、不易损坏、接触面小、不易沾尘、能长久保持整洁。但其防眩效果限制了在高速公路上的应用。防眩网外形美观且有良好的通透性，满足遮光性要求条件下可在高等级公路通过风区时采用。

（二）植树

通过在中央分离带里栽种适宜的灌木，利用树木的树冠形成遮光效果，同时灌木底部树干不连续的空间又可有效通风与透光。绿化植物种植作为常见的高速公路防眩设施，既能起到分隔带的作用，又可提高公路的景观效果。

植树防眩效果较好，同时可以美化路容和改善景观。绿色植物在中央分隔带基本上全宽设置，充实中央分隔带，顶部的树冠可以有效地将对向车的灯光遮挡，从而起到较好的防眩作用。同时，绿色植物能有效防止环境污染，创造优美、舒适的行车环境。绿色的引导对于安全行车也有帮助作用，植被给予人心理上一种自然的暗示，可有效消除驾乘人员的驾驶疲劳感，同时调节驾驶者情绪。植树可塑性较强，可根据公路线形需要修剪成不同的高度或形状，形成一种错落有致、起伏变化的情况，可以调节驾驶环境，降低驾驶枯燥感。

植树作为防眩设施，其缺点在于连续型植树通透性较差、风阻大，在北方的冬季容易积雪，若不及时铲除，会对行车安全产生影响。植树树木的防眩效果受到树木自身生长情况影响，若中央分隔带干旱缺水，或填土贫瘠，或附近环境高排放污染，易导致绿化成活率低，影响防眩效果。植树养护要求较高，须经常性地浇水、施肥、修剪，不仅需要增加公路的养护费用，也会影响公路的正常运营。

对于南方温润地区，植树生长条件较好，养护也较容易；但在西北低温干旱地带或者盐渍土等不太适宜植被生长地带，植树的生长需要良好的护理，且进行日常浇水，造成对水资源的占用，同时经常性的护理也增加了对交通流的干扰，对养护的安全也带来了隐患。植树初期成本较高，尤其在西北等地区。

防眩板将预制板状物安装于中央分隔带，以一定角度、距离进行安装，形成部分遮光效果，达到防眩的目的。

防眩板按制作材料可分为有钢板、铝合金、塑料、玻璃钢等。钢材防眩板在自然环境中易锈蚀、维修工作量大，且易丢失、自重也较大；而铝合金材及塑料制作的防眩板，养护要求低，但也容易丢失，塑料防眩板易老化、褪色，造成维护成本较高。目前，使用最多的是玻璃钢防眩板，具有强度高、硬度大、不老化、不易丢、使用寿命长等特点。

防眩板采用间隔安装，横向通视好，其宽度有多种规格可选，达到不同防眩效果；采用工厂预制品，成本较低；可以进行喷涂形成不同外观，对风阻挡小，维护费用较低，安装条件简单，既可在防撞栏上也可在隔离墩或者桥梁上，对空间要求很低。

防眩板为显著人造物，连续设置易使驾驶员感到单调、乏味、易疲劳，太阳斜射时防眩板投射到行车道上的投影加上防眩板的单调，易使驾驶人员产生烦躁情绪，无形中迫使驾驶者提高车速，容易形成超速现象。

通过上述比较，防眩网通透性好，但遮光效果较差；植树防眩在经济、美观和环保方面较好，但护理、环境要求、风阻方面尚有不足；防眩板设置灵活、风阻小、寿命长、维护费用低等特点，但在样式与形成环境方面尚有不足。从使用区域看，植树较适用于南方温润多雨地区，防眩板使用范围无限制，甚至可以使用于环境恶劣路段。高速公路对防眩设置的选择应该因地制宜，根据要求，采用有效、经济的方法，并可以采用不同防眩方法进行组合使用以达到最大的工程与经济效果。

随着我国公路工程的持续发展，高速公路的数量将不断增加，交通安全设施也在不断改进完善。尽管目前植物防眩在高速公路的使用规模较大，由于受环境的影响、施工难度较大及后期的养护工作等各种因素限制，在高速公路防眩措施的选用中必将逐渐被防眩板所替代，但防眩板在国内高速公路的实际应用中还存在较多问题，常见的如材料性能不达标、结构和安装不尽合理等现象。随着科技的发展，防眩板的这些问题也将逐步解决。

四、高速公路标志、标线施工技术

伴随我国社会经济发展与区域间物资、人员流通需求的提升，高速公路的建设规模也在不断扩大。高速公路的标志标线，指的是通过文字、符号、图案等形式，为通行车辆驾驶员提供前行道路引导，指引通行车辆的行车安全，并管控相应道路通行情况的设施。高速公路标志标线的建设施工，对其道路的通车运行安全起着巨大的指引作用，是确保高速公路交通安全的关键措施之一。

（一）高速公路标志标线的内容及影响

1. 高速公路标志标线的内容

高速公路标志标线对高速公路道路安全起着很重要的作用。高速公路标志标线是通过文字、图形和符号等信息，向人们传递交通信息，告知高速公路行驶人员道路交通法规、路况、道路注意事项等。一般高速公路标线的颜色为黄色和白色，部分区域选用橙色和蓝色做特别提示。

2. 高速公路标志标线对交通安全的影响

高速公路标志标线对驾驶员来说须具有识认性、醒目性、协调性、针对性和抗干扰性等。当标志版面出现局部凸起、凹陷现象会造成标志在阳光下发生不规则反光，影响驾驶员的辨识度，如果交通标志与周围的物体、照明灯之间颜色、距离不协调时，会造成传递的信息较为混乱、相互干扰，驾驶员无法快速获得需要的信息。若高速公路标志标线中字体的颜色、行距、粗细、边距的选用不合适，也会影响到标志对驾驶员的醒目性和辨识度。高速公路标线的作用一方面引导车流分道行驶，另一方面使道路整体形象美观、有条理。在涂画标线时要保证线条的流畅性与线形的一致性，表现在箭头、宽度、颜色的形式等方面，若标线边缘不整齐、有裂边时，对夜间反光标线的清晰度造成影响；若实线与间隔长度的距离近时，因两者的闪现率较高，容易刺激到驾驶员，影响道路安全；若实线与间隔长度的距离远时，闪现率较低，驾驶员无法快速获得需要的信息，影响对道路交通的判断能力。

（二）高速公路交通标志标线施工的准则

高速公路交通标志标线的施工建设与技术运用，须依据基本的作业准则，以满足提升标志标线施工效果、保证行车通行安全的建设目的。其具体施工准则主要有以下三点：

一是施工中本着重点设置的准则，在各重点、危险路段集中建设交通标志标线，避免过度铺设带来的资源浪费与施工成本抬升等问题。

二是标志标线应合理设计。对高速公路交通标志标线的设计，应依照我国相关标志标线的设计标准规范，并与本路段的行车距离、规定时速、道路状况等实际信息相结合，设计出符合本路段行车情况的标志标线或警示物，通过合理的设计规划，保证标志标线作用的充分发挥。

三是标志标线应与高速公路同步设定、施工与完成。对交通标志标线的设计施工，不应独立于道路建设或改造工程进行。其标志标线设计单位应与道路施工单位积极合作交流，与道路的建设或改造项目做同步安排与规划，以实现高速公路建设、改造工程与标志标线设计施工工程的一并完工。避免高速公路施工或改造项目完成后，相应道路的标志标线尚未完工问题的出现，确保通行车辆得到及时、有效的标志标线或警示牌指引和预警。

（三）高速公路交通标志标线的具体施工技术探究

1. 合理解决标志被遮挡的情况

想要合理解决标志被遮挡的情况，可以从以下三方面入手：第一，交通管理机构需要加强与城市绿化机构的交流，及时修剪路边的树木枝干；第二，交通管理机构需要加强与市容管理机构的交流，规范广告牌的设定，在标志的前后 50m 尽可能防止其同标志颜色相近，特别是绿色的广告牌；第三，交通管理机构需要加强与城市建设、规划管理机构的交流，积极参与建设城市道路前期工作中，细致考量交通标志线的设定。

2. 设置道路交通标志的施工方法

高速公路施工人员在进行道路标志施工时，道路标志主要采用的材质是反光膜，这是为了满足夜间行车的视认性的要求。其在晚上因为发光膜对灯光有着聚焦、折射和定向反射的作用，这就明显地提高了标志在夜间的可视性。

高速公路凸起标志的施工过程：

第一，粘贴时路面面层应干燥清洁、无杂质；路面潮湿、灰尘过多、风速过大或温度过低时，不得进行粘贴。

第二，凸起路标粘贴在两侧路缘带上，距离车行道边缘线 20mm。隧道路段在中间粘贴凸起路标，粘贴凸起路标处不得画熔融标线。

第三，将环氧树脂等黏结剂均匀涂敷于凸起路标的底部，涂敷厚度约为 8mm，黏结剂凝固前不得扰动。凸起路标的反光玻璃球有白色、红色或黄色，白色设在一般路段，红色或黄色设在危险路段。

第四，在水泥混凝土路面设置凸起路标时，先用硬刷和 10% 盐酸溶液洗刷混凝土表面，然后用清水洗干净，待路面清洁干燥后安装凸起路标。

第五，凸起路标设置高度，顶部不得高出路面 25mm。

3. 合理设置道路标线的方法

高速公路的交通标线涂料类型，具体可分为热熔型、加温型与常温型三大类，而各个类型又下分 1 号与 2 号两种标号，其作用与特点也有所区分。高速公路标志标线作为高速公路的重要组成部分，可以指导人们的正常行驶，为人们的日常行驶安全提供了有力的保障。因此，在高速公路建设中，相关部门一定要加强对解决标志被遮挡的情况、道路交通标志的施工方法以及设置道路标线的方法等方面的施工设计，保证高速公路的标志标线可以切实发挥其作用，为高速公路的正常通行提供基础保障。

五、高速公路绿化工程施工技术

高速公路绿化工程是体现高速公路服务质量、服务水平的一个重要指标，其对提升高速公路在人们心中的地位，乃至相关区域的吸引力和经济增长都发挥着巨大作用。在这种发展形势下，对高速公路绿化工程展开系统的研究则显得十分迫切。

（一）高速公路绿化工程作用分析

一是高速公路绿化工程包括自然绿化工程和人为绿化工程。其中，自然绿化工程指天然形成的地形、地貌和地物；人文绿化工程是指人类为满足物质和精神生活的需求，要重视生态建设的理念，要恢复自然，与周边原有生态相融合。

二是高速公路绿化工程作为公路建设的一个重要组成部分，对于提高交通安全性和舒适性，缓解公路施工给沿线地区带来的不良影响，保护自然环境和改善生态环境等都具有极其重要的意义。

三是高速公路绿化工程对公路起到保护作用，树木或草坪通过树冠、根系、植被覆盖等可以固着土壤、涵养水源、阻止或减少地表径流、降低雨水冲刷路基的危害，在高填方路段，这种作用更加明显。绿化后的环境将比露天地区气温低 5~6℃，而且湿度较大，且变化缓慢，这样可以调节路面温度与湿度，对防止路面老化起到一定的作用。

四是高速公路绿化工程改善交通条件，为高速行车提供保障。通过视线诱导来指示驾驶员道路前进的方向。尤其是在竖曲线顶部和弯道等路线走向不明了的地段，可以使路线走向变得十分明显，有利于驾驶员的安全行车。在车辆驶入光线很差的隧道中时，由于人的眼睛不能立即适应明暗的变化，往往会产生短暂的视觉障碍，因此，在隧道两侧种植一些树木，利用树荫来调节隧道内外的明暗强度，对行车安全十分有利。

五是高速公路绿化工程美化路容、改善环境，使旅途变得更加舒适。当公路沿线有四季常青的树木以及点缀其间的各种花草人工造景时，可以产生与自然交融、气势壮观的感觉，给人们以优美、舒适的享受，有益于人们的身心健康。

（二）优化施工方案，有效控制工期

高速公路绿化施工工地战线长，少则几千米多则几十千米；工程施工面广，有主线、互通区、房建区等，而主线绿化又有中分带、路肩、边坡、路基平台、边沟外侧绿化等；交叉施工的单位多，仅仅在主线绿化施工时就有负责沥青砼摊铺的路面施工单位，有负责中分带填土的路基施工单位，有多个负责交通安全设施的施工单位等。

1. 重视重要方面，找出主要矛盾

因为主线施工战线长，遇到的交叉施工单位多，任务比较艰巨，主线施工能否按期完工决定着整个工程的成败，所以主线施工是重要方面。路面施工单位在摊铺沥青砼时，绿化单位是不能影响他们的施工进度，并严禁污染路面的，所以，在主线施工时需要解决的最大问题就是如何跟路面施工单位衔接好时间节点，这个矛盾能否解决好直接影响到主线

施工的工期问题。

2. 不能忽视次要矛盾

在中分带施工时还要时刻关注交通安全设施的施工动向，一定要赶在防护栏安装前把大苗种下去，否则不仅卸苗速度慢、土球容易摔坏，而且容易污染路面。这样必然会增加施工成本，影响施工进度。

（三）借技术交底良机，合理建议规划

在工程招标答疑阶段，会因市场难以提供工程量清单中苗木等材料品种规格数量而提交疑问，但招标单位一般避而不答。高速公路绿化工程从招投标到公布中标单位再到开始施工都要经过一段时间，也许投标前某些苗木的市场存量勉强会满足该工程需要，但中标后或开工后会发现该品种缺货了，在此情况下应该在中标后迅速收集详细的市场信息情报，把该品种的主要产地、目前的市场存量在会上提交出来，同时一定要把性质类似且不影响景观效果的替代品种也提出来，还进一步建议参会各单位派出代表组织一次市场调研活动以核实情况，这样在提出困难的同时又说出解决问题的办法。指挥部在调查后考虑到因苗木采购困难而很有可能影响到工程工期的情况下，一般会采纳建议。

建议变更设计方案一般难度较大，但如果工期确实很紧张，且提出的变更方案既合理又不影响整体景观效果，甚至对建设工程有利，那么指挥部在权衡利弊后也可能会接受。

高速公路绿化工程的施工面多，每个施工面都有各自的特点，主线边沟内外容易积水、中分带容易漏跑水、互通区的土一般很板结、房建区的土一般建筑垃圾多等。针对不同情况，应采取不同措施。

1. 中分带一定要做好"水密"工作

水密就是种植前在中分带中央开挖一条大约宽 35cm、深 45cm 的沟槽，然后往沟槽里灌水，让土壤密实。中分带的下层回填土一般都混有大量大块的硬土坨，这些回填土大多是路基单位复耕还田时从施工便道和拌料场上挖来的，中分带的上层回填土好多了。如果不做水密工作，那种树浇水后，树穴内的上层好土会随水往下渗漏填充到下层大土坨之间的空隙中，这样树穴及周边土会发生下沉，于是栽好的树就会倾斜歪倒。有的树不歪倒，但土球下有漏洞，水浇多少就漏多少，时间一长树就会因缺水而死亡。

2. 互通区应做好"大穴换土"工作

高速公路互通区土方工程一般不会外购土方，土方就地平衡，做法就是挖池堆地形。土质本来就很差再经过重型机械的来回碾压，土壤变得严重板结。在这种土壤中挖的树穴就如同小水缸，既不透气又不透水，容易长时间积水，根系浸泡其中会因缺氧而窒息死亡。

第三章　高速公路桥梁施工技术

第一节　桥梁地基施工

一、常用的桥梁地基处理方法

常用的地基处理方法有：换填垫层法、强夯法、砂石桩法、振冲法、水泥土搅拌法、高压喷射注浆法、预压法、夯实水泥土桩法、水泥粉煤灰碎石桩法、石灰桩法、灰土挤密桩法和土挤密桩法、柱锤冲扩桩法等。

一是换填垫层法适用于浅层软弱地基及不均匀地基的处理。其主要作用是提高地基承载力，减少沉降量，加速软弱土层的排水固结，防止冻胀和消除膨胀土的胀缩。

二是强夯法适用于处理碎石土、砂土、低饱和度的粉土与黏性土、湿陷性黄土、杂填土和素填土等地基。强夯置换法适用于高饱和度的粉土，软－流塑的黏性土等地基上对变形控制不严的工程，在设计前必须通过现场试验确定其适用性和处理效果。强夯法和强夯置换法主要用来提高土的强度，减少压缩性，改善土体抵抗振动液化能力和消除土的湿陷性。对饱和黏性土宜结合堆载预压法和垂直排水法使用。

三是砂石桩法适用于挤密松散砂土、粉土、黏性土、素填土、杂填土等地基，提高地基的承载力和降低压缩性，也可用于处理可液化地基。对饱和黏土地基上变形控制不严的工程也可采用砂石桩置换处理，使砂石桩与软黏土构成复合地基，加速软土的排水固结，提高地基承载力。

四是振冲法分加填料和不加填料两种。加填料的通常称为振冲碎石桩法。振冲法适用于处理砂土、粉土、粉质黏土、素填土和杂填土等地基。对于处理不排水抗剪强度不小于20kPa的黏性土和饱和黄土地基，应在施工前通过现场试验确定其适用性。不加填料振冲加密适用于处理黏粒含量不大于10%的中、粗砂地基。振冲碎石桩主要用来提高地基承载力，减少地基沉降量，还可用来提高土坡的抗滑稳定性或提高土体的抗剪强度。

五是水泥土搅拌法分为浆液深层搅拌法和粉体喷搅法。水泥土搅拌法适用于处理正常固结的淤泥与淤泥质土、黏性土、粉土、饱和黄土、素填土以及无流动地下水的饱和松散砂土等地基。不宜用于处理泥炭土、塑性指数大于 25 的黏土、地下水具有腐蚀性以及有机质含量较高的地基。若须采用时，必须通过试验确定其适用性。当地基的天然含水量小于 30%、大于 70%或地下水的 pH 值小于 4 时不宜采用此法。连续搭接的水泥搅拌桩可作为基坑的止水帷幕，受其搅拌能力的限制，该法在地基承载力大于 140kPa 的黏性土和粉土地基中的应用有一定难度。

六是高压喷射注浆法适用于处理淤泥、淤泥质土、黏性土、粉土、砂土、人工填土和碎石土地基。当地基中含有较多的大粒径块石、大量植物根茎或较高的有机质时，应根据现场试验结果确定其适用性。对地下水流速度过大、喷射浆液无法在注浆套管周围凝固等情况不宜采用。高压旋喷桩的处理深度较大，除地基加固外，也可作为深基坑或大坝的止水帷幕，目前最大处理深度已超过 30m。

七是预压法适用于处理淤泥、淤泥质土、冲填土等饱和黏性土地基。按预压方法分为堆载预压法及真空预压法。堆载预压分塑料排水带或砂井地基堆载预压和天然地基堆载预压。当软土层厚度小于 4m 时，可采用天然地基堆载预压法处理，当软土层厚度超过 4m 时，应采用塑料排水带、砂井等竖向排水预压法处理。对真空预压工程，必须在地基内设置排水竖井。预压法主要用来解决地基的沉降及稳定问题。

八是务实水泥土桩法适用于处理地下水位以上的粉土、素填土、杂填土、黏性土等地基。该法施工周期短、造价低、施工文明、造价容易控制，目前在北京、河北等地的旧城区危改小区工程中得到不少成功的应用。

九是水泥粉煤灰碎石桩法适用于处理黏性土、粉土、砂土和已自重固结的素填土等地基。对淤泥质土应根据地区经验或现场试验确定其适用性。基础和桩顶之间须设置一定厚度的褥垫层，保证桩、土共同承担荷载形成复合地基。该法适用于条基、独立基础、箱基、筏基，可用来提高地基承载力和减少变形。对可液化地基，可采用碎石桩和水泥粉煤灰碎石桩多桩形复合地基，达到消除地基土的液化和提高承载力的目的。

十是石灰桩法适用于处理饱和黏性土、淤泥、淤泥质土、杂填土和素填土等地基。用于地下水位以上的土层时，可采取减少生石灰用量和增加掺合料含水量的办法提高桩身强度。该法不适用于地下水下的砂类土。

十一是土挤密桩法和灰土挤密桩法适用于处理地下水位以上的湿陷性黄土、素填土和杂填土等地基，可处理的深度为 5~15m。当用来消除地基土的湿陷性时，宜采用土挤密桩法；当用来提高地基土的承载力或增强其水稳定性时，宜采用灰土挤密桩法；当地基土的含水量大于 24%、饱和度大于 65%时，不宜采用这种方法。灰土挤密桩法和土挤密桩法在消除土的湿陷性和减少渗透性方面效果基本相同，土挤密桩法地基的承载力和水稳定性不及灰土挤密桩法。

在选择地基处理方法时，应综合考虑场地工程地质和水文地质条件、桥梁对地基要求、建筑结构类型和基础形式、周围环境条件、材料供应情况、施工条件等因素，经过技术经济指标比较分析后择优采用。

二、岩溶地基桥梁桩基施工技术

（一）施工中常见问题

1. 易造成塌孔

在具体施工时，如遇到岩溶的连通性比较强或者出现覆盖层流塑性时，可出现孔内的浆液突然流失的现象，这种情况下，一般来不及补浆，这就造成了孔内的液面高度的降低，致使出现压力差，导致塌孔的出现。

2. 地下水位易造成大量涌水

桩基施工方法选择的主要考虑因素中，包括地下水位高低的影响，这种情况在岩溶比较发达的地区尤其常见。在施工工程中，如遇到地下水属于承压水时，桩基底会出现大量涌水的情况，对安全生产造成威胁，须特别注意。

3. 极易发生钻孔弯管、夹管或假收锤现象

在桩基钻孔或者挖孔的工程中，如果出现岩溶发育程度高的情况，很容易出现钻孔夹管、弯管或者假收锤的情况，埋下安全隐患。

由于钻孔或者挖孔的过程，会造成原有岩层的失衡状态，出现地面变形、涌土、涌水、地层塌陷等不良情况，在工程施工中造成事故，应特别注意。

（二）岩溶桩基施工技术

1. 桩基探测

在桩基探测时，须仔细查看每根桩的地址钻探情况及资料，确保在了解岩溶发育情况、岩溶覆盖情况以及溶洞填充和岩面的倾斜情况的状态下，才可以进行施工；对地质资料不详细或者有缺失的桩孔，应进行详细的地质钻探，保证不出现遗漏情况。

2. 工艺编制

施工工艺的编制方面，由项目技术负责人负责。在具体编制时，须根据地址核查结果合理编制钻孔施工工艺。项目技术负责人须编制出每根桩的溶洞处理方案，并进行安全技术交底，其中应包含溶洞标高、大小以及溶洞填充和岩面的倾斜情况等，并编制相对应的处理措施与操作要领。

3. 材料准备

准备包括片石、黏土、钢护筒、碎石等的溶洞处理材料。为了防止漏浆、塌孔，须准备好泥浆泵；为了防止钻孔因各种因素作用产生倾斜的情况，应将钻机横向支撑及纵向支撑都相应的加长，须超出预计的塌孔范围。

4. 试桩

在施工前，需要进行试桩试验。可以在桥位外地溶洞处进行相关试验，试验后取得的经验数据可以指导后续的施工。

（三）施工工艺

1. 护筒埋设

一般的桩位，采用 2.0m 的护筒即可，若是河沟边护筒，则需要穿过河沟床，具体护筒埋设时，护筒的外缘可以采用黏土回填密实；若碰到地质情况较差的区域，在开孔时添加片块或者泥块，这种做法可以使得护筒刃角得到冲击加固。

2. 成孔

采用冲程小的钻头钻孔、钻进深度超过钻头全高加冲程后，才可以进行正常的冲击。

若遇到岩溶地区时，考虑到地质情况的复杂性，针对不同的地层须采用不同的钻孔冲击方法。比如：遇到卵石层时，钻孔时的冲程可较大，起到破碎卵石的作用；若遇到淤泥或者砂层时，在以小冲程进行冲击时，须往孔里挤进片石或者黏土，达到加固孔壁的效果；若遇到溶洞的情况，由于会造成不整齐的桩孔出现，可以采取地冲程打密、抛填黏土块、抛填片石的方法加以纠正，并反复循环多次，以确保冲孔的质量；若遇到大型、特大型半充填或者空溶洞时，一般采用套筒隔离上部松软地层的办法对冲孔进行处理，以免造成孔壁坍塌的情况出现。

3. 清孔

采用正循环泥浆渐进法清孔，程序如下：

①当钻到设计标高后，用取渣桶清渣，至取不出为止。

②将直径为 75mm 钢射浆管插入孔底，射入拌好的泥浆，泥浆性能指标为，比重 1.3，黏度 18~20Pa·s，含砂量小于 4%，胶体率大于 97%，pH 值大于 8，射入的泥浆带着残留的钻渣，经护筒口返回泥浆池，待沉淀后再泵入孔底。

③如果还有较大块径的钻渣浮不上来，则再投入少量黏土，用钻头小冲程冲砸 2~3 小时。

④再插入射浆管实施正循环泥浆清孔，至孔底残渣厚度达到设计及验收标准。

⑤采用侧锤法检查沉渣沉淀厚度达标后，再观察 1~2h，用钢管测量孔底标高，测出沉渣的厚度，符合要求后，安装钢筋笼。

4. 安装钢筋笼

钢筋笼主筋接头采用机械连接，钢筋笼的材料、加工、接头和安装符合要求，砂浆垫块按竖向每隔 2m 设一道，每一道沿圆周布置 6 个。

5. 灌注水下混凝土

水下混凝土的灌注时机是在漏斗、导管安装完毕后进行的。首批混凝土的灌注作用是将管内的水压出，将导管埋入混凝土，其深度不小于 2.0m；水下混凝土开始灌注以后，为了避免塌孔或者断桩的情况出现，灌注中间不得间断，需要连续灌注，提升后导管埋深不得小于 2m。

在灌注过程中，为了防止钢筋笼上浮，当混凝土面灌注到快要接近钢筋笼底端时，需要将灌注速度加以控制；如遇到岩溶低层时，混凝土灌注速度要适当地放慢，避免因灌注速度快，造成压力突增的情况出现，造成孔壁坍塌，导致混凝土的流失或者断桩现象出现。

在灌注桩顶时，应适当地超灌一定距离；灌注高程应比设计高程超灌 0.5~1.0m。超灌的部分可以在承台施工前予以凿除，这种做法可以保证整个桩身混凝土达到设计要求的质量。

6. 质量检测

对所有桩身的混凝土质量进行无损检测工作是非常必要的。在检测时，需要按设计要求在钢筋笼安装时预埋声测管，成桩后进行超声波检测。

检测后，如果发现有的桩基存在质量问题，需要钻取桩身进行混凝土鉴定检验工作。

第二节　桥梁基础工程施工

一、桥梁基础工程施工技术

桥梁的基础承担着桥墩、桥跨结构的全部重量以及桥上的可变倚载。桥梁基础往往修建于江河的流水之中，遭受水流的冲刷。所以，桥梁基础一般比房屋基础的规模大，需要考虑的问题多，施工条件也困难。

（一）明挖基础

桥梁基础通常可分为浅基础和深基础两大类。浅基础往往采用敞坑开挖的方式施工，因而也称为明挖基础。为了提高地基承载力，一般将基础分层设置，逐层扩大，因此也称为扩大基础。开挖基坑是明挖扩大基础施工中的一项主要工作。可以采用人工开挖、机械开挖、土与石围堰开挖。当地下水位较高时，须采取排水设施。

1. 坑壁加固的基坑

当基坑较深、土方数量较大，或基坑放坡开挖受场地限制，或基坑地质松软、含水量较大、坡度不易保持时，可采用基坑开挖后护壁加固的方法施工。加固方法可采用挡板支撑护壁和混凝土围圈护壁等。

2. 坑壁不加固的基坑

可采用垂直开挖和放坡开挖两种方法施工。允许垂直开挖的坑壁条件为：土质湿度正常，结构均匀，基坑深度不超过 2m。达到设计高程后，应立即砌筑基础。基础砌筑后，基坑应及时回填，并分层夯实。

3. 井点降水法

在基坑周围，打入带有过滤管头的井点管，在地面与集水总管连接起来，通到抽水系统。用真空泵将地下水吸入水箱，再用水泵排出，使基坑底下的地下水位暂时降低。桥梁墩台一般位于河流、湖泊或海峡中，如基础底面离河底不深，可在开挖基坑的周围，先筑一道挡水的围堰，将围堰内的水排开，再开挖基坑、修筑基础。

4. 汇水井排水

在基坑内基础范围外挖汇水井和边沟，使流进坑内的水沿边沟流入汇水井。然后用水泵抽水，将水面降至坑底以下。汇水井排水法设备简单，费用低。但当地基为粉砂、细砂等透水性较小的土层时，有可能导致涌砂现象的发生，从而使地基破坏、坑壁下陷和坍塌。这时宜改为井点法降水或水下施工。

（二）桩基础

桥梁的桩基础是桥梁基础中常用的形式。当地基上面土层较软且较厚时，如采用刚性扩大基础，地基的强度和稳定性往往不能满足要求。这时采用桩基础是比较好的方案。水流稍深的江河道上的桥梁也多用桩基础。桩基础由若干根桩与承台两部分组成。每根桩的全部或部分沉入地基中，桩在平面排列上可成为一排或几排，所有桩的顶部由承台连成一个整体，在承台上再修筑墩台。桩基础的作用是将墩台传来的外力由其经过上部软土层传到较深的地层中去。承台将外力传递给各桩起到箍住桩顶使各桩共同承受外力。各桩所承受的荷载由桩身与周围土之间的摩阻力及桩底地层的抵抗力来支承。因此，桩基础一般具有承载力高、稳定性好、沉降小、沉降均匀等特点。在深水河道中，桩基础可以减少水下工程，简化施工工艺，加快施工进度等优点。桩基础有钢筋混凝土预制桩和钢筋混凝土现浇灌注桩两种，因为钢筋混凝土桩的承载能力大，耐久性好。具体根据施工技术上有：

1. 孔灌注桩

钻孔桩的直径一般为 0.8~1.0m。桩身混凝土标号不低于 Cl5，水下部分不低于 C20。桩内的钢筋笼的丰筋直径不小于 14mm，并不少于 8 根。即使按照内力计算不需要配筋时，也应在桩顶 3~5m 内设置构造钢筋。这种桩的特点是承载力大，施工设备简单，操作方便。

2. 入桩

入桩是将预制好的钢筋混凝土桩，通过打桩机打入地基内。预制桩一般边长为 30~40cm 的方桩，桩身混凝土标号不低于 C25。桩内纵钢筋要求通常布置，且要加密柱两端的箍筋或螺旋筋的间距。这种桩适宜于各种土层条件，且不受地下水位的影响，桩可以标准化生产。

3. 柱基础

直径较大的空心圆形桩称为管柱，用管柱修建的桩基础，又称管柱基础。管柱基础一般适用于深水、无覆盖层、厚覆盖层、岩面起伏等桥址条件。管柱可以穿越各种土质覆盖层或溶洞，支承较密实的土上或新鲜岩面上。一般采用预应力混凝土管柱或钢管柱。

（三）沉井基础

沉井是桥梁工程中广泛采用的一种无底无盖、形如井筒的基础结构物。沉井在施工时作为基础开挖的围堰，依靠自身重量克服井壁模阻力逐渐下沉，直至到达设计位置，经过混凝土封底，并填充井孔后成为墩台的基础。

一是就地下沉井，先平整场地，并要求地面及岛面有一定承载力，填砂筑岛。钢板桩围堰筑岛多用于水深流急、底层较硬的河流。

二是浮式沉井，当人工筑岛有困难时，则常采用浮式沉井。它是把沉井做成空体结构或采用其他措施，使其能在水中漂浮，可以在岸边做成后，滑入水中，拖运到设计墩位。沉井就位后在悬浮状态下，逐步用混凝土或水灌入空体中，使其徐徐下沉，直达河底。当沉井较高时，须分段制造，在悬浮状态下逐步提高，直至沉入河底。

三是压气沉箱工法，是向沉箱底节密闭工作室，压送与地下水压力相当的压缩空气，阻止地下水渗入作业室，从而开挖作业在干涸状态下进行。该工法从原理上讲是防止地下水涌入，实现人工无水挖掘的最有效的方法。但其有一个致命的弱点，就是随着开挖深度的加深，箱内气压增大，作业人员易患所谓的沉箱病。

四是按施工中是否有人进箱作业，沉箱下沉可分为有人挖掘工法和无人挖掘工法。有人挖掘工法，是作业人员进入沉箱作业室人工或机械挖土，沉箱下沉。在挖掘深度不深，对应作业气压不大时，它确实是一种较好的施工方法。

二、桥梁扩大基础工程施工方法

（一）基础的定位放样

在基坑开挖前，先进行基础的定位放样工作，以便正确地将设计图上的基础位置准确地设置到桥址上。放样工作系根据桥梁中心线与墩台的纵横轴线，推出基础边线的定位点，再放线画出基坑的开挖范围。基坑各定位点的标高及开挖过程中标高检查，一般用水准测量的方法进行。

（二）陆地基坑开挖

基坑大小应满足基础施工要求，对有渗水土质的基坑坑底开挖尺寸，须按基坑排水设计和基础模板设计而定，一般基底尺寸应比设计平面尺寸各边增宽 0.5~1.0m。基坑可采用垂直开挖、放坡开挖、支撑加固或其他加固的开挖方法，具体应根据地质条件、基坑深度、施工期限与经验，以及有无地表水或地下水等现场因素来确定。对于在干涸无水河滩、河沟中低于基底，或渗透量少，或有水经改河或筑堤能排除地表水的河沟中，在地下水位低于基底，或者渗透量少，不影响坑壁稳定；以及基础埋置不深、施工期较短、挖基坑时，不影响邻近建筑物安全的施工场所，可考虑选用坑壁不加支撑的基坑。黏性土在半干硬或硬塑状态，基坑顶缘无活荷载，稍松土质基坑深度不超过 0.5m，中等密实土质基坑深度不超过 1.25m，密实土质基坑深度不超过 2m 时，均可采用垂直坑壁基坑。基坑深度在 5m 以内，土的湿度正常时，采用斜坡坑壁开挖或按坡度比值挖成阶梯形坑壁，每梯高度以 0.5~1.0m 为宜，可作为人工运土出坑的台阶。基坑深度大于 5m 时，或加做土台。土的湿度影响坑壁的稳定性时，应采用该湿度下土的天然坡度或采取加固坑壁的措施。当基坑的上层土质适合敞口斜坡坑壁条件，下层土质为密实黏性土或岩石可用垂直坑壁开挖，在坑壁坡度变换处，应保留有至少为 0.5m 的平台。无水基坑的施工方法对于一般小桥涵的基础，基坑工程量不大，可用人力施工方法；大、中桥基础工程，基坑低，基坑平面尺寸较大，挖方量多，可用机械或半机械施工方法。

（三）基坑排水

1. 井点排水法

当土质较差有严重流沙现象，地下水位较高，挖基坑较深，坑壁不易稳定，用普通排水方法难以解决时，可采用井点排水法。井点排水适用于渗透系数为 0.5~150m/d 的土壤中，尤其在 2~50m/d 的土壤中效果最好。降水深度一般可达 4~6m，二级井点可达 6~9m，超过 9m 应选用喷射井点或深井点法。具体可视土层的渗透系数、要求降低地下水位的深度及工程特点等，选择适宜的井点排水法和所需设备。用井点法降低土层中地下水位时，应尽可能将滤水管埋设在透水性较好的土层中，并应在水位降低的范围内设置水位观测孔；对整个井点系统应加强维修和检查，以保证不间断地进行抽水；还应考虑到水位降低区域构筑物受其影响而可能产生的沉降。为此要做好沉降观测，必要时应采取防护措施。

2. 集水坑排水法

除严重流沙外，一般情况下均可适用。集水坑（沟）的大小，主要根据渗水量的大小而定，排水沟底宽不小于 0.3m，纵坡为 1%~5%。如排水时间较长或土质较差时，沟壁可用木板或荆篱支撑防护。集水坑一般设在下游位置，坑深应大于进水笼头高度，并用荆笆、竹篾、编筐或木笼围护，以防止泥沙阻塞吸水笼头。

3. 其他排水法

对于土质渗透性较大、挖掘较深的基坑，可采用板桩法或沉井法。此外，视工程特点、工期及现场条件等，还可采用帷幕法，即将基坑周围土层用硅化法、水泥灌浆法、沥青灌浆法及冻结法等处理成封闭的不透水的帷幕。帷幕法除自然冻结法外，均因所需设备较多、费用较大，在桥涵基础施工中应用较少。自然冻结法在我国北方地区应用前景较好，一般采用分格分层开挖，即将已冻结的水或土壤从上往下逐层分格开挖，连续开挖通过水层或饱和土层直到河底，再通过河床覆盖层达到基础设计标高。

（四）基底检验与处理

1. 基底检验

基坑施工是否符合设计要求，在基础浇筑前应按规定进行检验。

其目的在于：确定地基的容许承载力的大小、基坑位置与标高是否与设计文件相符，以确保基础的强度和稳定性，不致发生滑移等病害。

基底检验的主要内容包括：检查基底平面位置、尺寸大小，基底标高；检查基底土质均匀性，地基稳定性及承载力等；检查基底处理和排水情况；检查施工日志及有关试验资料；等等。

2. 基底处理

天然地基上的基础是直接靠基底土壤来承担荷载的，故基底土壤状态的好坏，对基础及墩台、上部结构的影响极大，不仅要检查土壤名称与容许承载力大小，还应为土壤更有效的承担荷载创造条件，即要进行基底处理工作。

（五）基础混凝土浇筑

1. 基础施工分为无水浇筑、排水浇筑和水下浇筑三种情况

排水施工的要点是：确保在无水状态下砌筑施工；禁止带水作业及用混凝土将水赶出模板外灌注方法；基础边缘部分应严密隔水；水下部分施工必须待水泥砂浆或混凝土终凝后才允许浸水。

水下浇注混凝土只有在排水困难时采用。基础施工的水下灌注分为水下封底和水下直接灌注基础两种。前者封底后仍要排水再砌筑基础，封底只是起封闭渗水的作用，其混凝土只作为地基而不作为基础本身，适用于板桩围堰开挖的基坑。

2. 浇筑基础时，应做好与台身、墩身的接缝联结

一般要求如下：

①混凝土基础与混凝土墩台、墩身的接缝，周边应预埋直径不小于16mm的钢筋或其他铁件，埋入与露出的长度不应小于钢筋直径的20倍。

②混凝土或浆砌片石墩台身的接缝，应预埋片石，片石厚度不应小于15cm，片石的强度要求不低于基础或墩台、墩身混凝土或砌体的强度。

（六）地基加固

我国地域辽阔，自然地理环境不同，土质强度、压缩性和透水性等性质有很大的差别。其中，有不少是软弱土或不良土，诸如淤泥质土、湿陷性黄土、膨胀土、季节性冻土以及土洞、溶洞等。当桥涵位置处于这类土层上时，除可采用桩基、沉井等深基础外，也可视具体情况采用相应的地基加固措施，以提高其承载能力，然后在其上修筑扩大基础，以求获得缩短工期、节省投资的效果。

对于一般软弱地基土层加固处理方法可归纳为以下四种类型：

一是换填土法：将基础下软弱土层全部或部分挖除，换填力学物理性质较好的土。

二是挤密土法：用重锤夯实或砂桩、石灰桩、砂井、塑料排水板等方法，使软弱土层

挤压密实或排水固结。

三是胶结土法：用化学浆液灌入或粉体喷射搅拌等方法，使土壤颗粒胶结硬化，改善土的性质。

四是土工聚合物法：用土工膜、土工织物、土工格栅与土工合成物等加筋土体，以限制土体的侧向变形，增加土的周压力，有效提高地基承载力。

三、钻孔桩施工在桥梁深水基础工程施工中的应用

（一）钻孔桩工作平台

深水基础钻孔桩一般为大直径，施工时受洪水、通航、大流速和冲刷的影响，为排除施工干扰，必须在桩位设置临时工作平台。工作平台可分为固定工作平台和浮动工作平台两种。

1. 固定工作平台

固定工作平台按构造形式分有支架工作平台和围堰工作平台。支架工作平台包括木桩工作平台、钢筋混凝土桩工作平台或型钢、钢管桩工作平台等。围堰工作平台包括钢套箱围堰工作平台、钢板桩围堰工作平台、浮运薄壳沉井工作平台。

2. 浮动工作平台

在风浪和水流速度较小的深水基础施工中，采用船体、六四式标准舟节、浮箱或木排等浮体拼装成浮动工作平台，浮动的工作平台就位后锚定，插打钢护筒，在平台上安装钻机进行钻孔桩施工。浮体的大小根据水流的情况、工作平台的尺寸和载重的大小决定。浮动工作平台法可充分利用制式器材，节约大量材料。

（二）埋设护筒

在钻孔前须埋设护筒，其目的是为固定桩位，引导钻锥方向，保护孔口不坍塌，隔离地面水和保持孔内水位高出施工水位。

钢护筒一般用3~5mm厚钢板制作，两端有法兰盘，每节长约2m，可按需要接长，为增加护筒刚度防止变形，可在中间加焊加劲肋。钢筋混凝土护筒壁厚为8~10cm。每节长约2m，两端有连接钢环，可接需要用电焊接长。

埋设护筒的方法有：挖埋式、填筑式、围堰筑岛、深水护筒。

埋设护筒时的施工要求如下：

一是护筒因多次周转，采用3~10mm钢板制成护筒内径，使用旋转钻机时比桩径大

20~30cm，使用冲击钻时比桩径大30~40cm。

二是护筒中心竖直线应与桩中心线重合，除设计另有规定外，平面位置的偏差一般不大于50cm，倾斜度不大于1%，干处可实测定位，水域可依靠导向架定位。

三是无水地层护筒宜高出地面0.3~0.5m。

四是埋置护筒要考虑桩位的地质和水文情况，一般埋置为2.0~4.0m。

（三）选择钻孔机械

桥梁深水钻孔桩所用钻机成孔和出渣特点大体分为螺旋钻机、正循环回旋钻机、反循环回旋钻机、潜水钻机、冲抓钻机和冲击钻机等钻孔机械设备。根据桥址区域地质情况，桩径大小，入土深度和机具设备等条件来选用适当的钻具和钻孔方法，以保证能顺利达到预计孔深。

（四）泥浆制备

1. 泥浆的作用

①保护孔壁免于坍塌。

②使孔内钻渣处于悬浮状态，有利于将钻渣排出孔外。

2. 泥浆的调制

制浆前，应把黏土块尽量打碎，便于在搅拌中易成浆，缩短搅拌时间，提高泥浆质量。制浆有机械搅拌、人工搅拌和钻锥搅拌三种方法，在钻孔过程中，需要泥浆的数量很大，为成孔体积的1/3~1/2，甚至1.2~2.0倍，因此，在钻进前，应选择适宜的地点修筑泥浆池，制备好足够数量的泥浆。

（五）钻孔桩成孔

1. 钻孔

在桩基施工前必须试成孔数量不得少于2个，以核对地质资料检验所选用的设备、机具、施工工艺以及技术要求是否适宜。

开钻前，要用经纬仪进行检查，使钻机顶部的起吊滑轮、转盘和桩孔中心三者位于同一铅垂线上，偏差小于2cm。钻机定位要准确、水平、稳固。

成孔施工应一次不间断地完成，不得无故停钻，施工过程应做好施工原始记录。成孔完毕至灌注混凝土的时间间隔不应大于24h。成孔过程中孔内水头压力比地下水位地水头压力大20kPa左右。钻井过程中，若遇松软土层应调整泥浆性能指标。成孔至设计要求深度后，应会同有关各方对孔深、孔径、桩位进行检查，确保符合要求后，方可进入下一道工序施工。

多台钻机同时施工，相邻钻机间的距离不宜太近，以免互相干扰，在混凝土灌注完毕的桩旁成孔施工，其安全距离不应小于 4d，或时间间隔不应小于 36h。

从开孔起，就需要在孔内泥浆护壁，泥浆的相对密度以 1.1 为好。为确保桩基施工质量及现场文明施工，现场必须分区对泥浆循环进行统一管理，泥浆循环中多余或废弃的泥浆，应按建设单位制定的地点及时运出现场处理。现场采用振动筛旋流泵浆废弃泥浆分离后重复使用。

2. 清孔

清孔应分两次进行：第一次清孔在成孔完毕后进行；第二次清孔在下放钢筋笼和混凝土导管安装完毕后进行。

清孔过程中应测定泥浆指标，清孔后的泥浆相对密度应小于 1.15。清孔结束时应测定孔底沉渣，孔底沉渣厚度应符合设计及有关规范规定。

清孔结束后孔内应保持水头高度，并应在 30min 内灌注混凝土。若超过 30min，灌注混凝土前应重新测定孔底沉渣厚度，若超过规定的沉渣厚度应重新清孔直至符合要求。清孔时送入孔内的泥浆不得少于砂石泵的排量，保证循环过程中补浆充足。

（六）泥浆排放

对钻孔、清孔、灌注混凝土过程中排出的泥浆，根据现场情况引入适当地点进行处理，以防止对河流及周围环境的污染。

（七）钢筋笼施工

钢筋笼宜分段制作，钢筋笼制作前，应将钢筋调直，清除钢筋表面污垢锈蚀，准确控制下料长度，钢筋笼采用环形模制作。

钢筋笼应经验收合格后方可安装。钢筋安装应符合设计要求，其允许偏差为 ±10mm。钢筋笼全部安装入孔后应检查安装位置，确认符合要求后将钢筋笼吊筋固定定位，避免灌注混凝土时钢筋笼上拱。

（八）水下混凝土施工

1. 钻孔桩混凝土灌注

混凝土灌注工作开始后，必须连续不断地进行并且每斗混凝土灌注间隔时间尽量缩短，拆除导管所耗时间严格控制，一般不超过 15min，不能中途停工，在灌注混凝土过程中，随时探测混凝土高度，及时拆除或提升导管，注意保持适当的埋深，导管埋深一般保持在 2~4m，最大埋深不大于 6m。

2. 灌注混凝土注意的几个问题

①导管下端距桩底控制为 0.3~0.4m，在一切工作就绪，经量测孔底沉淀层超标时，采用射水管冲射 3~5min。

②导管埋入混凝土的深度在任何时候不小于 1.0m。

③水下灌注混凝土的实际桩顶标高应高出桩顶设计标高 0.5m 左右。

④严禁导管漏水或导管底口进水而造成断桩事故，保证施工质量。

⑤当混凝土灌注完毕后，待桩上部混凝土开始初凝，解除对钢筋笼固定措施，保证钢筋笼随着混凝土的收缩而收缩，避免黏结力的损失。

3. 清理桩头

等桩头混凝土强度达到设计值的 25% 时，立即拆除护筒并凿除桩头多余混凝土。达到桩顶设计标高，凿除桩头应采用人工手工凿除，不采用爆破或其他影响桩身质量的方法进行。

四、锚固桩在桥梁基础工程施工中的应用

（一）锚固桩相对于其他桩基础的优势

锚固桩是桩基础的一种。桩基础有很多种，也是最常见的一种基础形式。它能够较好地适应各种地质条件与荷载条件的情况。桩基础通常具有承载力大、沉降小的优点。而锚固技术更将这种优势发挥明显。不仅可以充分调用和提高岩土体的自身强度和自稳能力，改善土壤的应力状态以维持构筑物或土壤的稳定性，还可以通过减小整桩在施工时的嵌岩深度，从而减小施工难度而得到广泛应用。同时，通过灌浆锚固桩技术，可以使浆体渗透到地基中，改善地基结构，使其更加密实、牢固，从根本上保证桥梁的安全性。

（二）以锚固桩为桥梁基础的施工过程以及主要工艺

对桥梁基础进行锚固桩施工之前，一定要做好充分准备。

一是需要认真校核前期理论上的计算结果，确定各项数据都符合相关规范并且计算无误后，就要开始进行认真仔细的现场勘测工作。观察水质条件、地层条件、环境条件以及地下水状况。然后进行现场取样，确定现场水质是否可以作为搅拌水使用。还需要充分估

计是否会出现涌水状况并且做好相应的应急处理。

二是根据相关资料以及现场勘测，核实在理论设计计算阶段确定的地下障碍物以及埋设物的具体位置。充分考虑到施工过程中可能出现的问题与解决方法，并且要考虑周围地上建筑物、构筑物、周围的植被情况对施工可能造成的影响。然后做出工程进度安排，编制工程计划书，制定出施工工期，相应的安全要求以及防止可能发生的公害措施。

三是要充分考虑现场的形式，是否有方便安全施工的条件。

第三节　钢筋混凝土与预应力混凝土梁式桥施工

一、钢筋混凝土桥的施工技术

（一）桥梁的模板工程

所谓模板是使混凝土构件在浇筑过程中具有设计所要求的形状和尺寸而制作的模型板，属于临时结构。支架是承受混凝土在浇筑和硬化过程中的重量以及模板和其他施工期间荷载的临时支撑结构。脚手架是混凝土或砌体在施工时承担工人操作和堆置材料的临时结构。随着工程质量的不断提高，对模板的质量要求也越来越高。模板的质量是保证混凝土外观质量的关键因素之一，只有高精度的模板才能使浇筑高水平混凝土构造物成为可能。

1. 桥面桥墩拼装模板

该桥梁桥面采用拼装式模板，在木工厂或铁工厂或专业模板加工厂将木板或钢板制成大块板扇，在工地组拼成形，虽然一次性投资较大，但精度高，周转次数多，拆除后的板扇可直接或略加修改后用于同一结构的下一工序或另一工程。一些小构件则使用零星模板，即以零星板件在工地现场拼制而成，投资较少，但精度往往难以达到理想的程度，一般适用于分散的小型工程。该工程一些桥墩基于设计等方面原因，则采用安装模板，这种安装模板是用模板板件或板扇在工地附近组装成形，以吊机将整体式模板安装就位。在条件允许的情况下应尽量采用，可提高模板安装精度和加快施工进度。

2. 滑升模板

滑升的动力则分为液压和卷扬机提升两种，适用于横断面变化较小的桥墩施工。

（二）支架工程

1. 满布式木支架

引桥梁采用满布式木支架，满布式木支架的排架，可设在枕木或桩基上，基础必须坚实可靠，以保证支架的沉陷值不超过允许范围。当排架较高时，为保证其稳定性，两侧设置斜撑木或斜立柱。卸落设备一般采用斜度为木上，除在排架上设置撑木外，尚应在排架1∶5的木楔，可设在支点处或桩顶帽木上，满布式木支架主要适用于跨径和高度都不大的工程，由于使用木支架安全可靠性较差，重复利用率较低，费用成本较高，所以，木支架有被钢支架逐步取代的趋势。

2. 混合支架

该工程主桥梁采用混合式支架，混合式支架在桥墩较浅处位置设钢木支架，在深水基础布置万能杆件拼装支架。浅基础为加大支架的跨径，减少排架数量，支架的纵梁采用工字钢，这样使其跨径可达到10m。深水基础用万能杆件拼装成支架，其跨度为杆件长度的倍数。纵梁拼装的高度有2m、4m、6m或6m以上。高度为2m时，腹杆拼装成三角形；高度为4m时，腹杆拼装成菱形；高度超过6m时，多拼装成多斜杆的形式。采用万能杆件拼装的支架，接头较多，变形较大，而且难以预先计算准确。所以，最好考虑采用预加荷载进行施压，以消除支架的各项弹性及非弹性的压缩和地基的沉陷。

（三）混凝土施工

1. 混凝土浇筑的基本要求

对于结构尺寸较大的现浇混凝土梁体或其他大体积混凝土，可预先设计好分几次浇筑，但要根据受力情况或设计要求选择好施工缝的位置。并根据施工现场具体的混凝土浇筑数量、拌和能力、运输便道状况、运距、混凝土浇筑时间等情况，做出周密的计划安排，各种机械设备要配套，操作人员要进行技术交底，分工明确，责任到人。

2. 模板准备工作

该桥梁施工前，模板应洒水润湿，靠混凝土的一面应涂隔离剂。隔离剂的类别应根据模板种类、混凝土的外观要求及施工季节等情况，采用肥皂液、重柴油和肥皂液混合物、再生机油或机油、滑石粉及水的混合物等。涂隔离剂时不得沾污钢筋和其他预埋件，不得使用如废机油等颜色较重的隔离剂，以防污染混凝土结构的外观。模板内和钢筋上的杂物、泥灰、油污应清理干净；模板如有缝隙、孔洞应堵严，以防漏浆；模板的位置、外形尺寸偏差不得超出允许范围。

3. 钢筋及脚手架的准备

钢筋骨架及预埋件的位置要准确、固定可靠，如有移动应及时纠正、恢复；钢筋保护层厚度不小于规定，保护层支垫应牢固，特别是预埋件的固定容易被忽视，造成在混凝土浇筑振捣过程中发生位移。脚手架应搭设牢固，边缘应设护栏，坡道上应加钉防滑条，较高的脚手架应设置安全网。但脚手架不得贴靠在模板或支撑在钢筋上，以防模板和钢筋移位、变形。各项检查全部合格后，做好检查记录并报监理工程师抽检。

4. 连续简支桥梁建筑

该桥梁根据设计要求，采用简支桥梁、跨径不大的引桥等简支梁桥，可沿整跨全部长度水平分层浇筑，或用斜层法从两端对称地向跨中浇筑，在跨中合拢，以便在混凝土失去塑性前完成跨径较大的中间桥梁，可用水平分层法或斜层法先浇筑纵横梁，浇筑工作宜尽量快速进行，以便在混凝土失去塑性前完成。待纵横梁浇筑后，再沿桥的全宽浇筑桥面板混凝土。施工缝一般应设在纵梁承托的下缘，待纵横梁浇筑后，再沿桥的全宽，采用斜层浇筑时，斜角与混凝土的坍落度有关，一般可为 20~25°。在深水基础的桥中间时，因为有观赏平台，可分成纵向单元分别浇筑。混凝土采用全长分水平层法或斜层法浇筑。分成纵向单元浇筑时，每个单元的纵横梁应沿其纵横梁分别浇筑完成后再浇筑接头混凝土。每一整体结构的混凝土一般宜连续进行浇筑，以避免产生薄弱断面，保持结构的整体性。因故不得不间断浇筑时，间断时间包括间断后继续浇筑的时间，不应超过下层混凝土的初凝或能重塑的时间，否则应按施工缝处理。

5. 混凝土的振捣

采用插入式振动器振捣混凝土时可按直线行列移位或按交错行列移位。单机工作时的移位距离或双机工作时的间距，一般以振动作用半径的 1.5 倍为宜。振动器的作用半径可按产品说明确定，或根据混凝土的流动性、构件形状尺寸、钢筋的稀密程度等情况，经试验确定。在一般情况下，振动作用半径为振动棒半径的 8~9 倍。振动器的移动距离，应尽可能遵循一定的规律，以防止漏振或过振。振动棒应与侧模保持 50~100mm 的距离，以避免振动棒碰撞模板、钢筋以及其他预埋件。插入式振动器的振动深度，一般不应超过振动棒长度的 3/4 倍。振动时应不断地上下移动振动棒，以便捣实均匀；当分层浇筑时，振动棒应插入下层混凝土中 5~10cm，并应在下层混凝土初凝以前振动完成其相应部位的上层混凝土，使上下层混凝土紧密地联结。

二、预应力混凝土梁式桥施工

（一）预应力混凝土连续梁桥施工的特点

预应力连续梁桥结构可以有效解决无法满足多种功能、跨度小、柱网密等问题，表现出了良好的优势，具有很好的工程实践性。预应力混凝土连续梁的施工具有十分突出的特点。

一是便于施工：预应力混凝土连续梁桥悬臂施工时的受力状态与成桥后的受力相近，便于实施悬臂施工。

二是工程成本低：悬臂施工法采用无支架施工，无需支架和大型吊装设备，可以节约一到两成的工程造价。

三是工程影响性小：对施工地交通影响相对较小，悬臂模式施工中不需要中断交通，特别适合交通量大的地区实施。

四是施工进度快：预应力混凝土连续梁桥施工每墩至少有两个工作面平行作业，而且几个墩可同时施工，采用分段施工，可以分节段调节梁底高程，有效加快施工进度，各作业面互不干扰，推进工程进程。

五是工程质量高：在对预应力混凝土连续梁桥进行施工的过程中，通常采用流水作业，进行重复性工作，进而容易控制施工过程，并且在一定程度上确保施工质量。

（二）预应力混凝土连续梁桥的施工方法

1. 悬臂施工法

在对预应力混凝土连续梁桥进行施工的过程中，采用悬臂施工法，该方法分为悬浇和悬拼两种。在建造预应力混凝土悬臂桥时，其施工程序和特点与悬臂施工法类似。在悬臂或拼浇过程中，通过对上、下部结构进行临时固结，待悬臂施工结束、相邻悬臂端连接成整体并张拉了承受正弯矩的下缘预应力筋后，再将固结措施卸除，在一定程度上使施工中的悬臂体系转换成连续体系。

2. 整体现浇施工法

在施工过程中，整体现浇施工一般通过整体浇筑混凝土的方式来实现。具体过程为：首先架设支架，将模板安装在支架上，对钢筋骨架进行绑扎和安装，同时预留相应的孔道，在施工现场浇筑混凝土，并施加预应力。在施工过程中，由于使用模板支架的数量较多，通常情况下，主要用于中小跨径的桥或者在交通不便的地区使用。随着桥梁结构的不断发展，一些异形桥、弯桥等混凝土结构频繁出现，并且近年来，大量应用临时钢构件和万能杆件系统，与其他施工方法相比，该施工方式简单便捷、费用较低。对于预应力混凝土连续梁桥来说，通常情况下，需要按照一定的程序现场完成混凝土的浇筑，当混凝土达到设计要求规定的强度后，将部分模板拆除，展开相应的预应力筋的张拉、管道压浆工作。

3. 移动式模架逐孔施工法

近年来，为了确保现浇预应力混凝土桥梁施工的快速化、省力化，进而在一定程度上发展起移动式模架逐孔施工法。其施工原理为：在长度稍大于两跨、前端做导梁用的承载梁上，支承机械化的支架和模板，在桥跨内进行混凝土浇筑施工，当混凝土达到设计要求规定的强度后，进行拆模，沿导梁将整孔模架前移至下一浇筑桥孔，如此循环进而完成全桥施工。在施工过程中，需要注意：移动式模架逐孔施工法一方面可以用来建造连续梁桥，另一方面可以修建多孔简支梁桥。

4. 预制简支-连续施工法

预制简支-连续施工俗称先简支后连续施工法。具体施工程序为：预制简支梁，进行分片预制安装，在预制过程中，根据预制简支梁的受力状态，对预应力筋进行第一次张拉锚固，安装完成后，对位置进行调整，浇筑墩顶接头处混凝土，更换支座，对预应力筋进行第二次张拉锚固，进而在一定程度上完成一联预应力混凝土连续梁的施工。通过简支-连续施工方法进行施工时，存在体系转换。通常情况下，体系转换主要包括以下内容：

①从一端依次逐孔进行连续，先将第一孔与第二孔之间形成两跨连续梁，然后与第三孔形成三跨连续梁，依此类推，形成一联连续。

②从两端起向中间依次逐孔进行连续。

③从中间孔起向两端依次逐孔进行连续。

（三）预应力混凝土连续梁的施工技术

预应力混凝土连续梁桥施工是一项系统工程，必须超前谋划，统筹协调，科学施工，确保工程质量。

1. 承台施工

做好放线测量，桩中心根据导线控制点进行测设，然后对承台四周边桩进行放出，并且用油漆进行标记，承台底至桩顶之间的高差同时需要测出。素混凝土垫层浇筑：与设计标高相比，开挖基坑要低 10cm，同时浇筑 10cm 厚的素混凝土作为底模，将混凝土顶面整平。安装模板：侧向支撑通常选用组合钢模板、钢管、对拉螺杆、方木等。混凝土浇筑：在浇筑过程中，从一端向另一端分层浇筑，每层 30cm，同时需要将振动棒插入下层混凝土 5~10cm，避免碰撞钢筋和模板。

2. 墩台身施工

（1）模板工程

对于柱式墩模板来说，通常采用整体式定型钢模，采用大块组合钢模对薄壁墩、座板式桥台进行处理。在现场根据柱高选择模板拼装对圆柱进行施工，由吊车将拼装成节吊起后进行安装，通过风缆固定。使用组合钢模拼装薄壁墩、桥台模板，使用拉杆拉钢管内拉进行加固，模板接缝处夹胶条或海绵条止浆，进而在一定程度上防止露浆。

（2）浇筑墩台身混凝土

如果墩台高度过高，通过采用倒模施工法进行分段施工。采用吊车配吊斗将墩台身混凝土入模。通过分层对混凝土进行浇筑，每层厚度控制在 30cm，浇筑完下层混凝土，且初凝后，浇筑上层混凝土。浇筑混凝土的过程中，自由倾落度控制在 2m，当倾落度超过 2m，通过采用串筒进行缓冲。浇筑混凝土的过程中，通过采用振动器振捣密实。

3. 现浇梁施工

（1）支架搭设

支架采用碗扣式支架，底部落在 10cm×10cm 方木上，方木与处理合格地基间空隙采用细砂或者石粉找平。碗扣支架顺桥向间距严格按 120cm、横桥向间距严格按 90cm 控制，对于横梁及箱梁边腹板处支架进行加密，即横向间距不变，纵向间距按 60cm 控制。横杆上下层的间距按不大于 120cm 控制，且每根立杆至少要有 2 层横杆连接。为增强大架体系的稳定性，顺桥向每 4.5m 设 1 道通长剪刀撑。

（2）模板安装

为保证外观，底模采用 1.5 厘米厚质地优良的覆模竹胶板，模板分块拼装，钉装在底部分布方木上，施工中须保证纵横向接缝在一直（曲）线上，用模板底加设木片来消除相邻模板的高差，减小和清除支架的非弹性变形及地基的沉降量，模板钉装完成后用液体玻璃胶水填塞模板接缝，防止混凝土浇筑中漏浆。

（3）支架预压

为消除基础变形和支架的非弹性变形及支架的不均匀下沉，保证结构线形和结构安全，并为预拱度设置提供依据，主体结构施工前须对支架进行预压，预压期限原则上以支架变形稳固后即可结束。

（4）钢筋绑扎

箱梁用所有钢筋及接头的施工严格按有关施工规范和图纸要求操作，在加工前必须做清污、除锈和调直处理。钢筋骨架在钢筋棚内加工后现场安装成形。钢筋安装，先底板和腹板，然后将内模组合拼装固定，最后施工顶板钢筋。

（5）箱梁混凝土施工

混凝土采用自制拌和站拌和混凝土，拌和中严格按设计配合比配制，混凝土搅拌运输车运输，泵车灌注，插入式振捣器振捣，并严格按规范振捣，振捣时选用经验丰富的作业工人，确保底板混凝土振捣密实。

若箱梁体不能一次浇筑完成，而须分二次浇筑时，第一次浇筑到梁的底板的承托顶部以上 30cm。第一次和第二次浇筑的时间应间隔至少 24h。在第二次浇筑前，应检查脚手架有无收缩和下沉，并打紧各楔块，以保证最小的压缩和沉降。悬出的承托及悬出板的底面，一般应在离外缘不大于 15cm 处设一 1cm 深 V 形滴水槽以阻止水流污染混凝土表面。

（6）预应力张拉

张拉采用应力控制，伸长值校核，安装锚具前须对锚垫板清理干净，后安装工作锚具、张拉千斤顶和工具锚，安装中须保证工作锚、千斤顶、工具锚三对中，为有利脱锚，须在工具锚锚孔涂上脱锚剂。

（7）封锚

在每联连续梁最后一段张拉、压浆完毕后，要进行封端混凝土施工，施工前将梁端水泥浆清洗干净并凿毛。

（8）拆除模板和支架

支架的卸落应按程序进行。卸落量开始宜小，逐次增大，每次卸落均由跨中开始，纵向应对称、均衡，横向应同步平行，遵循先翼底板的原则。碗扣式支架自上而下依次卸落。

第四节　桥面系及其附属工程施工

一、桥面系施工工艺技术

（一）桥面铺装

桥面铺装的施工顺序为，凿除浮碴、清洗桥面→精确放样→绑扎钢筋→安装模板→精确的模板标高、轴线放样→浇筑桥面铺装混凝土→混凝土养生。

桥面铺装混凝土浇筑是桥面铺装最重要的环节。

浇筑前桥面应充分湿润，并以不积水为度。混凝土摊铺要均匀，布料高度应略高于桥面桥高 2cm 左右，以备整平和收浆；人工粗平后，用平板振捣器横向平行振捣密实；用人工一边整平，一边用 Φ75mm 滚筒滚压数遍进行提浆滚平；进行真空吸水，吸水时间视气温而定，一般为 13 分钟左右，然后用磨光机提浆及粗平；用 Φ75mm 钢管刮尺，贴紧模板顺桥向连续反复几次直到刮平。再用长 6m，断面为 100mm×60mm 的铝合金直尺纵横反复检测直到平整度符合要求为止；为保证铺装层有一定的粗糙度，在混凝土初凝前进行拉毛。采用特制的塑料扫把横向拉毛，拉毛应线条均匀，深度控制在 1~2mm；拉毛后以手指按压混凝土无痕迹时覆盖无纺土工布，并充分保持湿润 7 天以上。

（二）沥青混凝土桥面施工

1. 沥青混合料配合比设计

沥青混合料配合比的设计在监理工程师确认合格的试验室进行，并接受监理工程师的监督，按相关规定要求进行原材料试验和混合料组成设计。根据沥青混合料的类型，集料级配和沥青用量符合技术规范的规定，沥青用量必须通过试验确定。沥青混合料的各种技术指标符合规范的规定，上面层的沥青混合料进行配合比设计时，对混合料进行抗车辙能力的检验，使动稳定度达到规范要求。

试验室做出的配合比，一般不直接输入拌和设备的电脑，还须进行生产验证，即进行生产配合比的设计。在生产配合比的设计阶段从拌和设备的各热料仓中取样，并进行筛分，确定各热料仓的材料比例，供拌和机控制室使用，同时调整冷料仓进料比例，使供料平衡，经生产验证后的配合比，在施工过程中不能随意变更，除非装入拌和设备的冷料的碎石级配发生明显变化。

2. 铺筑试验路段

沥青路面正式施工前，选定一段合适的路段做试验路段，试铺长度不小于 200m，沥青路面试验路段分试拌及试铺两个阶段，试验内容如下：

①根据沥青路面各种施工机械相匹配的原则，确定合理的施工机械、机械数量及组合方式。

②通过试拌确定拌和的上料速度、拌和数量及拌和时间、拌和温度等控制参数。

③通过试铺确定摊铺机的摊铺温度、摊铺速度、摊铺宽度、自动找平方式等操作工艺；确定压路机的压实顺序、碾压温度、碾压速度及碾压遍数等压实工艺；确定松铺系数、接缝方法等。

④验证沥青混合料配合比设计结果，提出生产用的矿料配合比和沥青用量。

⑤建立用钻孔法及核子密度仪法测定实度的对比关系。确定各种类型沥青混凝土压实标准密度。

3. 拌和

拟投入的沥青拌和楼为间歇式强制拌和机，在拌和过程中可自动控制沥青、各种矿料的用量及拌和温度。沥青采用导热油炉加热，沥青混合料拌和时间以混合料拌和均匀，所有矿料颗粒全部裹覆沥青结合料为度，并经试拌确定。

石料的加热温度控制在160~170℃，沥青加热温度控制在150~160℃，经与矿粉、沥青拌和后的混合料温度控制在145~165℃，出厂温度不低于140℃。拌和厂拌和的沥青混合料做到均匀一致，无花白料，无结团成块或严重的粗细料分离现象，不符合要求时不出厂，并及时调整，拟在拌和场内设置50吨地磅一台，出厂的沥青混合料每车都要过磅称重，以掌握每天实际摊铺的沥青混合料数量。

4. 摊铺

在进行沥青路面摊铺前有必要对下封层再次进行检查，通常检查的内容有基层表面下封层有否损坏、沥青路面病毒处理是否彻底、平整度、横坡、宽度、高程等是否符合要求，同时将与沥青混合料接触的构造物表面、路缘石的内侧壁涂上黏层沥青。

为了提高路面平整度，摊铺速度与拌和能力要相匹配，保证摊铺机在一个作业段内连续不断地摊铺。下面层摊铺采用拉钢丝走基准线的方法来控制高程、平整度和横坡中、上面层采用浮动基准梁进行摊铺，确保摊铺厚度和平整度。

摊铺前熨平板要用煤气预热到120℃方可进行摊铺，摊铺温度不低于130℃，采取全幅路面摊铺，以避免纵向工作接缝，摊铺过程不得随意变换速度或中途停顿，摊铺后的混合料，不得用人工反复修整。

5. 碾压

碾压作业在混合料处于能获得最大密实度的温度下进行，开始碾压温度一般不低于120℃，各种机型的压路机碾压终了温度分别为：钢轮压路机不低于70℃，轮胎压路机不低于80℃，振动压路机不低于65℃。压实工作按铺筑试验路面确定的压实设备组合和程序进行。

碾压的一般程序为初压、复压、终压3个阶段。采取的压实方法是用宝马161压路机紧跟着摊铺机碾压振碾2遍后用轮胎压路机碾压3遍，然后用202振动压路机振碾1遍，静碾1~2遍，并以消除轨迹为度。压实由外侧向路中心进行，相邻碾压带均应重叠不一定的轮宽，压路机行走的路线来回都应是直线，每次由两端折回的位置呈梯形随摊铺机向前推进，使折回处不在同一横断面上。轮胎压路机的轮胎气压注意保持一致，防止轮胎软硬不一而影响平整度。路面温度降到 70℃ 以下时，不能再碾压。碾压速度保持慢而均匀，一般初压速度为 1.5~2km/h，终压速度为 2~3km/h，在摊铺机连续摊铺时压路机不得随意停顿。

6. 接缝

横向接缝处理的好坏，直接影响到沥青路面的平整度和行车舒适性。铺筑时应尽量把横向接缝设在构造物的连接处。如无法避免时，在施工结束时，摊铺机在接近端部前约 1m 处将熨平板稍稍抬起驶离现场，用人工将端部混合料铲齐后再予碾压，然后用 3m 直尺检查平整度，趁尚未冷却时垂直刨除端部厚层不中的部分，使下次施工时呈直角连接。重新摊铺前，应用 3m 直尺仔细检查端部平整度，当不符合要求时应予以清除。符合要求后，在垂直面上涂黏层沥青，摊铺时调整好预留高度，摊铺后及时进行碾压，碾压先用钢轮压路机进行横向碾压，碾压带的外侧应放置供压路机行驶的垫木，碾压时，压路机位于已压实的混合料层上，碾压新铺层的宽度为 15cm。然后每压一遍向新铺混合料移动 15~20cm，直至全部压在新铺层上为止，再改为纵向碾压。接缝处施工后，再用 3m 直尺检查平整度，当有不符合要求时应趁混合料尚未冷却时立即处理，以保证横向接缝处的路面平整度。另外，应注意相邻两幅或上下层的横向接缝均要错位 1m 以上。

（三）防撞栏施工

1. 模板及其支撑

为保证防撞栏外观质量，防撞栏模板采用大块定型钢模板。钢模板事先进行设计，请专业厂家制作，并按设计要求严格验收。

2. 钢筋制作与安装

调整已预埋的防撞栏主筋；安装水平纵向分布筋；安装并固定预埋件，确保预埋件位置准确；在钢筋外侧绑扎砂浆垫块，以保证保护层的厚度。

3. 浇筑防撞栏混凝土

采用现场拌制混凝土，搅拌车运输，用起重机配合浇筑，插入式振捣器振捣。混凝土的搅拌同预应力现浇箱梁。浇筑前派专人对每车混凝土进行质量检验，包括坍落度、离析情况等，满足要求才投入使用，并预备试件以做强度检查；采用水平分层连续浇筑法浇筑防撞栏混凝土，由专人统一指挥。用较慢速度浇灌，并用插入式振动器振捣密实，振动点间距不大于 50cm。插入式振动器难以插进个别部位，应用小铁条伸入补插；随振捣随按标高抹平混凝土顶面，并检查防撞栏的顶宽。如顶宽或标高的偏差超过允许偏差时，及时采取措施纠正；防撞栏混凝土不应出现蜂窝、麻面，外表应平整、光洁、美观。

4. 混凝土养护

混凝土终凝后，以麻袋覆盖并浇水养护，浇水次数以保持混凝土湿润状态为度，养护时间为七天以上。

（四）伸缩缝安装

伸缩缝的安装温度按20℃设计；在伸缩缝生产厂家的指导下，根据伸缩缝设计图标示的伸缩缝槽口尺寸，准确在梁顶上预留伸缩缝槽；伸缩缝装置的安装，应在伸缩缝装置生产厂家派员指导下施工，按实际安装温度调整其间隙；桥面铺装后进行伸缩缝安装，浇筑钢纤维混凝土，伸缩装置应加盖临时保护措施，避免撞击及直接承受车辆荷载。伸缩缝施工完成后，在桥面上不应出现缝隙，且桥面与伸缩装置齐平。

二、桥面系附属设施施工技术

桥面附属设施主要内容包括：桥面布置、电缆槽、人行道栏杆、遮板、防水层、伸缩装置、挡砟墙、综合接地等。桥面布置采用常用跨度梁有砟轨道整孔双线箱梁桥面布置；电缆槽盖板、桥梁遮板、人行道栏杆采用小型构件预制厂集中预制；防水层采用改性沥青防水卷材和无需卷材的聚氨酯防水涂料型防水层施工工艺；保护层采用现浇C40细石聚丙烯纤维网或聚丙烯腈纤维混凝土；伸缩装置采用厂购成品伸缩缝按照设计施工工艺现场安装；挡砟墙在桥上进行现场浇筑；综合接地采用常用跨度梁有砟轨道整孔双线箱梁综合接地布置。

（一）桥面布置

采用常用跨度梁有砟轨道整孔双线箱梁桥面布置，接触网支柱设在桥面板外缘，内侧距线路中心线不小于3.0m，挡砟墙内侧距线路中心2.2m，电缆槽两侧设置，通信信号电缆合槽槽道净宽350mm，电力槽净宽200mm。

（二）电缆槽

电缆槽由竖墙和盖板组成。

竖墙兼做分割电缆槽、连接遮板和支撑电缆槽盖板的作用，竖墙在梁体现浇完成后在桥面上进行现场灌注。电缆槽竖墙按2m一段设置单元，竖墙施工时各竖墙的高度必须保持一致，确保电缆槽盖板受力均匀。

电缆槽盖板为预制结构，分为通信、信号电缆槽盖板和电力电缆槽盖板两大类，盖板0.5m为一个单元，设6mm断缝，板宽494mm。施工电缆槽盖板时，电缆槽盖板顶面设置横向波纹或凹槽，一方面可起到防滑作用，另一方面对盖板方向进行标识，避免放错。

（三）人行道栏杆、遮板

在桥梁两侧外边缘设置人行道栏杆，栏杆包括钢栏杆、活性粉末混凝土与钢管的组合栏杆和 C40 混凝土与钢管的组合栏杆，声屏障采用插入式声屏障。遮板有五种形式，长度分别为 1996mm、1326mm、1261mm、1780mm 和 1680mm。根据桥梁长度选型，必要时可适当调整预制件长度。施工时，其横向伸出钢筋与竖墙预留钢筋绑扎牢固。设置接触网支柱及下锚拉线基础位置时，遮板的连接钢筋应与支柱基础钢筋绑扎后，再灌注接触网支柱基础或下锚拉线基础混凝土。

（四）防排水系统

一是桥面采用双侧排水，挡砟墙内侧人字排水坡坡度为 2%，并设置外径为 160mm 的 PVC 泄水管，挡砟墙外侧电缆槽内从外到内设置 2% 排水坡。为保证桥面排水畅通，在保护层施工时，应根据泄水管位置设置一定的汇水坡，在泄水管的保护层设置 45° 的倒角，以便使积水快速流到泄水孔。

二是防水层及保护层。

混凝土基层面检查及处理如下：

防水层施工前应先对基层面进行验收，基层应做到平整、无尖锐异物，不起砂、不起皮及无凸凹不平现象。平整度的要求：用 1 米长靠尺测量，空隙不大于 3mm，空隙只允许平缓变化，每米不应超过一处。桥面基层应无浮植、浮灰、油污等，同时挡砟墙根部应无蜂窝、麻面。采用高聚物改性沥青基层处理剂，涂刷高聚物改性沥青基层处理剂时基层应干燥。

无需卷材的聚氨酯防水涂料型防水层施工如下：

基层符合要求后，聚氨酯防水涂料选用喷涂或刮涂的方式施工，厚度为 2mm，分为二次喷涂，做到喷涂均匀，喷涂后应随即撒砂一层，砂粒直径 20～40 目为宜。配制好的涂料应在 20 分钟内用完，随配随用。对挡砟墙、电缆槽竖墙等垂直部位使用手刷或辊子先行涂刷，平面部位在其后涂刷。喷涂后 4 小时或涂刷后 12 小时内须防止霜冻、雨淋及暴晒。

高聚物改性沥青防水卷材防水层施工如下：

高聚物改性沥青基层处理剂不少于 0.4kg/m²。采用机械烘烤设备热熔铺贴卷材，也可采用多台喷灯同时烘烤热熔铺贴卷材。在基层上涂刷高聚物改性沥青基层处理剂时应涂刷均匀，不露底面，不堆积；当基层处理剂干燥不粘手时，方可进行卷材的铺贴。防水卷材纵、横向的搭接长度均不得小于 100mm。在已涂刷基层处理剂并干燥的基层表面，留出搭接缝尺寸，将铺贴卷材的基准线弹好，以便按此基线进行卷材铺贴施工。卷材铺贴应从一端开始，桥面横向由低向高顺序进行，点燃喷灯，烘烤卷材底面的沥青层及基层上的处理剂，烘烤要均匀，将卷材地面沥青层融化后，即可向前液铺。为确保卷材和基层的黏结，卷材热熔铺贴过程中，应便铺贴边液压排气黏合。

（五）挡砟墙

挡砟墙在桥上进行现场浇筑，应注意其端部钢筋与伸缩缝锚固钢筋的绑扎，直线、曲线内侧挡砟墙高度采用 900mm，曲线外侧挡砟墙高度采用 1080mm；挡砟墙每隔 2m 设 10mm 断缝。

（六）伸缩装置

采用耐候型钢伸缩缝。伸缩缝由耐候钢型材、橡胶密封带、挡砟盖板、挡砟侧板、伸缩锚固钢筋、定位钢管、定位钢筋及梁体预埋件组成。伸缩缝的施工，应根据伸缩缝的构造和特点进行，伸缩缝构造及施工方法具体如下：

一是安装时将伸缩缝安装区清理干净。

二是吊装伸缩装置、调整伸缩装置中心线与梁端间隙中心线基本重合，型钢通过拉线调直。

三是按梁体保护层顶面或梁端挡水台标高控制型钢顶面标高。

四是布置横穿钢筋并将锚筋等焊牢，然后及时解除固定型钢间隙的弓形板。

五是用泡沫条填塞型钢型腔，并用封箱胶带将型腔封贴，安装梁端模板。

（七）控制标准

1. 防水层、保护层及伸缩缝

①防水层、保护层和伸缩缝所用原材料的品种、规格、性能等必须符合有关客运专线铁路桥梁混凝土桥面防水层、伸缩装置的有关规定及设计要求。

②防水层施工部位、构造型式、厚度、坡度和细部做法等必须符合有关客运专线铁路桥梁混凝土桥面防水层的有关规定和设计要求。

③保护层施工部位、构造型式、厚度、坡度和断缝处理必须符合设计要求，并符合有关客运专线铁路桥梁混凝土桥面防水层的有关规定。桥面保护层表面裂缝宽度不得大于 0.2mm。

④防水层不得渗水。

⑤梁端伸缩缝应符合有关客运专线铁路桥梁伸缩装置的有关规定及设计要求，预埋件位置应准确，橡胶止水带外形尺寸应满足设计要求，盖板平整。

⑥防水层的基层应平整、清洁、干燥，不得有空鼓、松动、蜂窝麻面、浮渣、浮土和油污。

⑦防水层的表面质量应达到涂层厚薄一致，卷材粘贴牢固，搭接封口正确。不得有滑移、翘边、起泡、损伤等现象。坡度平顺，排水通畅。

⑧保护层施工时，不得损坏防水层，保护层应表面平整，周边新旧混凝土黏结牢固、密贴，排水坡满足设计要求。保护层与防水层应黏结牢固，结合紧密，厚度均匀一致。表面平整密实，不得有疏松、起砂、脱皮、损伤等现象。

⑨防水层和保护层的材料称量的允许偏差应为2%。

2. 挡砟墙、电缆槽及接触网支柱基座

①两挡砟墙内侧净距及外形尺寸应满足设计规定。

②电缆槽及接触网支柱基座设置位置必须满足设计规定，接触网支柱基座预埋螺栓位置应准确，基座平整，外形尺寸应满足设计要求。

③泄水管材料及数量应满足设计要求，位置应准确，相对设计位置允许偏差应为15mm，应安装牢固，泄水管顶面不得高于桥面，底面伸出上翼缘板的长度应满足设计要求。

3. 人行道、遮板、栏杆、声屏障基座

①遮板的规格、外观质量、安装位置应符合设计要求。

②双侧人行道栏杆内侧间距应满足设计要求。栏杆扶手高度应保持一致，用10m线量矢度不得大于10mm。

③人行道步行板的施工必须符合设计要求，铺设应齐全、稳固、无损坏，板间空隙均匀一致。

第四章 高速公路过程控制标准化

第一节 高速公路路基施工标准化

路基工程标准化施工可以有效提高路面的稳定性，减少路面的形变，提高公路质量强度，对我国公路质量具有至关重要的作用。路基工程标准化施工可以对我国当前的道路施工技术进行改进，提高公路路基的整体建设质量和效果，降低自然因素和人为因素对公路质量的影响，从本质上提高我国公路建设的发展速度。在进行路基工程标准化施工的过程中，相关人员要对施工技术进行深入分析，对施工要点进行全面控制，确保提高路基工程的安全性、可靠性。

一、路基工程施工标准化的质量要求

在进行路基工程标准化施工的过程中，施工要求要严格保证路基工程结构的稳定性。要防止路基结构在出现超载、环境因素等作用下出现的塌陷事故，降低路基失衡现象的产生，路基工程标准化施工要对施工结构进行全方位控制和把握，因地制宜采取合适的施工政策，确保从根本上提高施工结构的稳定性。

在进行路基工程标准化施工的过程中，施工要求要严格保证路基工程的强度。施工人员要对路基的强度进行严格保证，确保在强大外力的作用下，路基不会出现严重变形，保证路基具有足够的强度性能。

在进行路基工程标准化施工的过程中，施工要求要严格保证路基工程的水温稳定性。在地下水和地面水的作用下，路基工程的质量会大量降低。尤其是在出现季节性冰冻的区域，随着水温的变化，路基工程质量会显著降低，出现明显冻胀或翻浆现象。因此，在进行路基工程的过程中，施工人员要对水温稳定性进行控制，确保从本质上提高公路路基质量。

二、路基土石方施工管理标准化

（一）施工复测

路基土石方施工前必须按业主要求的内容、程序对原地面进行施工测量，未将测量成果送交监理工程师核查或测量精度达不到相关规定者，所造成的一切后果均由施工单位承担。

（二）挖方

土方开挖应按图纸要求自上而下进行，不得欠挖或超挖；开挖的弃方必须运至指定的弃土场或经业主、监理认可的地点弃置；石方开挖应采用保证边坡稳定的方法施工，爆破作业除必须符合安全生产的要求外，须在作业前就位置、孔深、药量、保护措施等方面进行爆破设计，并报监理审批后报分指挥部核备，方可施工。

（三）填方

未进行填前处理或处理不符合规定者，未按审批程序批准即进行填筑者，均以每平方米 100 元计算承担违约金；按要求须对原地面或结合部位挖台阶处理，而施工单位未进行处理或处理不符合规定即进行路基填筑者，施工单位须承担违约责任；填石路堤的修筑必须严格控制石料粒径、分层厚度及施工工艺，"三背"回填应采用质量技术指标完全符合规范及设计要求规定的填料，"三背"回填应采用专用的压实机械进行压实且回填应严格按要求进行分层压实。

（四）特殊路基工程

无论何种处治工程，施工单位必须按设计图纸及要求进行施工，不得弄虚作假、偷工减料。对于高填、深挖地段或路线经过不良地质地段，施工单位应加大对开工前地质水文条件调查的工作力度，设立符合要求的观测点，施工中随时跟踪监测地质水文条件的变化，发现病害立即通报。对发现病害工程的地段，施工单位应加强现场管理，杜绝一切不当的施工行为。水在工程病害中的作用极具破坏性，除了严格按照设计或处治方案上综合考虑的治水措施完成并保证排水畅通外，施工单位在施工中应采取如挖临时排、截水沟等有效措施保证工程现场处于良好的排水状态。工程病害的处治时限性十分重要，要求工程处治措施及时、准确，这不仅关系进度问题，也直接关系到工程的质量及投资控制问题，故施工应全面、有序地进行处治。因病害处治工程的特殊性，施工单位在施工中应认真做好施工记录并保证资料的真实、完整，施工后应对按规定设置的有效观测点准确地进行定期观测，并负责完成观测资料的管理报备。

三、路基防护施工管理标准化

（一）砌筑工程施工工艺

未按要求采用靠坡架前后挂线施工，不能确保砌体几何尺寸者，施工单位承担违约责任。沉降缝、泄水孔的设置应符合设计要求，且达到规定的质量标准；砌筑物的断面尺寸、顶面高程、底面高程达不到设计及规定者，除按设计进行整改外，施工单位承担违约责任。沉降缝必须垂直通视，不得有相互咬口现象，填土前应采用合格材料填塞。

（二）混凝土工程原材料

为保证混凝土的质量，要求加强工序控制，施工单位应加大对原材料的试验检验工作力度，严把材料关，保证混凝土质量，加强工序控制。须按批准的重量配合比、用秤称量进行施工；混凝土的拌制应采用滚筒式或强制式搅拌机进行均匀、充分的拌和。混凝土的强度、钢筋或绞钎线的加工制作必须满足设计要求。

（三）混凝土工程施工工艺

混凝土工程不得出现露筋、空洞等严重病害；混凝土工程除必须保证内在质量外，施工单位应采取一切有效措施保证混凝土的外观质量，防止出现表面粗糙、蜂窝麻面、边棱不顺、模板接缝、颜色不均以及外观尺寸不准确等现象；抗滑桩必须按相关的要求施工，不允许出现缺陷桩，若出现缺陷桩未及时、主动地上报情况，补救措施未经指挥部和监理认可即擅自处理者，除停工整顿外，施工单位承担违约责任。

四、排水工程施工管理标准化

（一）砌筑工程施工工艺

未按要求采用靠坡架前后挂线施工，不能确保砌体几何尺寸者，施工单位承担违约责任。沉降缝、泄水孔的设置应符合设计要求，且达到规定的质量标准；砌筑物的断面尺寸、顶面高程、底面高程达不到设计及规定者，除按设计进行整改外，施工单位承担违约责任。沉降缝必须垂直通视，不得有相互咬口现象，填土前应采用合格材料填塞；排水铺砌厚度不少于设计要求，达不到设计及规定者，除按设计进行整改外，施工单位承担违约责任。

（二）混凝土工程原材料

为保证混凝土的质量，要求加强工序控制，施工单位应加大对原材料的试验检验工作力度，严把材料关，保证混凝土质量，加强工序控制须按批准的重量配合比用秤称量进行施工；混凝土的拌制应采用滚筒式或强制式搅拌机进行均匀、充分的拌和；运输、振捣等应满足施工技术规范。混凝土的强度、钢筋或钢绞线的加工制作必须满足设计要求。

（三）混凝土工程施工工艺

混凝土工程不得出现露筋、空洞等严重病害；混凝土工程除必须保证内在质量外，施工单位应采取一切有效措施保证混凝土的外观质量，若出现表面粗糙、蜂窝麻面、边棱不顺、模板接缝、颜色不均以及外观尺寸不准确等现象，施工单位承担违约责任。排水铺砌厚度不少于设计要求，达不到设计及规定者，除按设计进行整改外，施工单位承担违约责任。

五、涵洞、通道工程施工管理标准化

（一）砌筑工程施工工艺

未按要求采用靠坡架前后挂线施工，不能确保砌体几何尺寸者，施工单位承担违约责任。沉降缝、泄水孔的设置应符合设计要求，且达到规定的质量标准；砌筑物的断面尺寸、顶面高程、底面高程达不到设计及规定者，除按设计进行整改外，施工单位承担违约责任。沉降缝必须垂直通视，不得有相互咬口现象，填土前应采用合格材料填塞；洞内、外铺砌厚度不少于设计要求，达不到设计及规定者，除按设计进行整改外，施工单位承担违约责任。

（二）混凝土工程原材料

为保证混凝土的质量，要求加强工序控制，施工单位应加大对原材料的试验检验工作力度，严把材料关，保证混凝土质量，加强工序控制，须按批准的重量配合比用秤称量进行施工；混凝土的拌制应采用滚筒式或强制式搅拌机进行均匀、充分的拌和、运输、振捣等应满足施工技术规范；混凝土的强度、钢筋或钢绞线的加工制作必须满足设计要求。

（三）混凝土工程施工工艺

混凝土工程不得出现露筋、空洞等严重病害；混凝土工程除必须保证内在质量外，施工单位应采取一切有效措施保证混凝土的外观质量，若出现表面粗糙、蜂窝麻面、边棱不顺、模板接缝、颜色不均以及外观尺寸不准确等现象，施工单位承担违约责任。洞内、外铺砌厚度不少于设计要求。

第二节　高速公路路面施工标准化

一、沥青混凝土拌和站建设标准化

（一）拌和站选址

场地应选择地势稍高、周围环境干燥的地点；地质状况良好，交通便捷的地点；要考虑沥青混凝土的运距；环保因素；根据地势确定建站方案。

（二）场地建设

沥青混凝土拌和站在平原微丘区的占地面积不少于 25 000 平方米，在山岭重丘区，根据具体条件确定占地面积；拌和站根据工程实际情况集中布置，采用封闭式管理，在拌和站内设置工地试验室；拌和站应设置材料堆放区、拌和区、作业区，各区应分开或隔离；拌和站所有场地必须用 C20 混凝土进行硬化处理，厚度不低于 20cm，违反者除将污染的材料清除场外，还应责令在规定的时间、范围内完成场地硬化，同时处以 10 000 元的违约金。在场地外侧合适的位置设置沉砂井及污水过滤池，严禁将站内生产废水直接排放。

（三）拌和站标识标牌

拌和站内醒目位置应设置工程告示牌、拌和站平面布置图、安全生产牌、消防保卫牌、管理人员名单及监督电话牌、文明施工牌等明示标志。拌和站出入口，拌和楼控制室应设置禁止、警告、指令标志。拌和机操作房前醒目位置应悬挂混凝土配合比标识牌，标识牌内容应包括以下内容：混凝土设计与施工配合比，粗细集料的实测含水率及各种材料的每盘使用量等。拌和站管理人员和作业人员应统一制服，佩戴安全帽，挂牌上岗。

二、材料管理标准化

（一）材料堆放

用于工程的砂石材料应按配料要求，不同粒径、不同品种分仓存放，不允许相互掺和；严格按照规定对现场材料进行标识，标识内容包括材料名称、产地、规格型号、生产日期、出产批号、进场日期、检验状态、进场数量、使用单位等，并根据不同的检验状态和结果采用统一的材料标识标牌进行标识；料仓的容量应满足最大单批次连续施工的需要，并留有余地，还须满足运输车辆和装载机的作业要求。包括储料斗在内的所有地材存放场地必须加设轻型钢结构顶棚，沥青结构层所用粗集料宜搭设遮雨棚，路面用细集料必须搭设钢结构遮雨棚；材料进场时要把好质量关，以试验为依据，严格控制质量，不符合规范要求的材料拒绝接收。

（二）粗集料

粗集料应采用石质坚硬、清洁、干燥，不含风化颗粒、近立方体颗粒的碎石，表面粗糙，粒径大于 2.36mm。所用碎石在强度、磨耗率、压碎值等指标都满足要求的前提下，采用颚破+反击破的两级以上破碎设备生产，不准使用普通颚式碎石机生产的产品；严格把好材料质量关，未获得生产许可的石料场的材料不准进场，未经抽检验证合格的材料不得使用。

（三）细集料

细集料应采用坚硬、清洁、干燥、无风化、无杂质并有适当级配的人工轧制的机制砂，其石质为石灰岩。细集料应与沥青有良好的黏结能力，与沥青黏结性很差的天然砂及使用花岗岩、石英岩等酸性石料以及山场的下脚料破碎的机制砂不能用于沥青混凝土面层；机制砂堆放场地必须搭建钢结构防雨棚，成品料下料口处和堆放场地必须采用水泥混凝土硬化，且有较好的排水设施，确保无积水现象，以全面保证加工设备、母材及机制砂不受潮，减少母材、机制砂遭受二次污染，提高沥青混合料生产过程中拌和楼的除尘效率，控制石料粉尘中的有害杂质代替填料使用的现象；用于加工机制砂的碎石宜采用针片状含量小、含泥量低的成品集料进行加工。对进场的集料必须按照规定频率进行检测，对母材检测不合格的不得用于加工机制砂；机制砂生产过程中，必须按要求开启除尘设备，使细集料中小于 0.075 的含量不得超过 15%；为减少拌和场的扬尘，粉尘出口处应进行遮盖，除出的粉尘应加水湿排做废弃处理，严禁作为沥青混合料的填料进行使用；施工单位对加工的机制砂必须进行严格抽检，砂当量不合格的机制砂不得用于路面施工。

（四）矿粉

宜采用石灰岩碱性石料得到的矿粉。矿粉质量技术要求必须满足相关规定的物理力学性能要求，并满足粒径规格要求。矿粉应干燥、洁净，能自由地从矿粉仓流出。矿粉堆放应做好防潮、防水措施，结团结块的矿粉不得使用。矿粉的生产由专业的生产厂家生产，严禁使用水泥厂生产的生料、半熟料或副产品及除尘料，机制砂加工生产和拌和机除尘的粉尘禁止使用。

（五）道路石油沥青

沥青必检指标现场检测合格，不合格的沥青不得使用；沥青进场输入承包人自备储罐后，其质量管理由承包人负责；沥青混合料拌和厂必须将不同来源、不同标号的沥青分开存放，不得混杂；沥青使用期间，储罐中的储存温度不宜低于130℃不得高于170℃；沥青应避免长时间存放。存放时间超过15天的沥青在使用前应抽样检验，不符合要求者不得使用；沥青在储运、使用及存放过程中应有良好的防水措施，并应避免雨水或加热管道蒸汽进入沥青罐中；为保证正常的生产，每个沥青混合料拌和厂应配备200吨以上沥青储存能力。

（六）改性沥青

改性沥青宜在固定式工厂或在现场设厂集中制作，也可在拌和厂现场边制作边使用，改性沥青现场制作温度不宜超过180℃。现场制作的改性沥青宜随配随用，须做短时间保存，或运输至附近的工地，使用前必须搅拌均匀，在不发生离析的状态下使用。改性沥青制作设备必须设有随机采集样品的取样口，采集的试样宜立即在现场灌模工厂制作的成品改性沥青到达施工现场后存储在改性沥青罐中，改性沥青罐中必须加设搅拌设备进行搅拌，改性沥青使用前必须搅拌均匀。在施工过程中应定期取样检验产品质量，发现离析等质量不符合要求的改性沥青不得使用；改性沥青必须满足规定的技术要求。由于改性沥青质量直接影响混合料的技术性能，应加强改性沥青的质量控制，建立严格的验收制度，并严格控制改性沥青的贮存温度；施工期间每天至少一次测定改性沥青的针入度、软化点、低温延度和弹性恢复，其中任何一项不能满足改性沥青技术要求时不得使用；改性沥青不得长期储存，储存时间超过5天须按工地指标检验合格后方可使用，超过15天须经全套指标检验合格后方可使用。

三、沥青混凝土摊铺施工技术标准化

（一）施工准备

严格按照透层及封层施工相关要求进行透层及封层施工，施工时气温不得低于10℃，沥青含量必须达到设计要求，洒布量及各项指标符合规范要求，不得偷工减料；下面层施工前，对基层表面浮动矿料应扫至路面以外，表面杂物应清扫干净，灰尘应提前冲洗或采用专用扫地机清扫干净；铺筑中面层前，对下面层表面应进行彻底清扫，清除纹槽内泥土杂物，风干后均匀喷洒黏层沥青，喷洒乳化沥青后应进行交通管制，禁止除运料车外的其他任何车辆通行。

（二）沥青混合料的拌和

普通沥青混合料出厂温度高于180℃。沥青严重劣化并已影响沥青与集料的黏结力时，混合料不得使用，已铺筑的沥青路面应予铲除，改性沥青使用前应升温至170℃，拌和温度应控制在180℃左右，混合料运输到摊铺现场的温度不得低于160℃，为了防止改性沥青焦化，混合料出厂温度不得超过195℃，一旦超过应予废弃，不得使用超温料和低温料；拌和机控制室必须逐盘打印沥青及各种矿料的用量和拌和温度，并定期对拌和楼的计量和测温进行校核；禁止使用没有材料用量和温度自由记录装置的拌和机；经常检查沥青混合料的均匀性，应以混合料拌和均匀、所有矿料颗粒全部裹覆沥青结合料为度，沥青用量稳定，无明显离析现象，花白料及离析严重的材料不得用于摊铺；拌好的热拌沥青混合料不能立即铺筑时，应放入成品储料仓。储料仓无保温设备时，允许的储料时间应以符合摊铺温度要求为准，有保温设备的储料仓储料时间不宜超过72h，改性沥青混合料不得超过24h。使用成品储料仓出料时，不得经常放空成品料仓，成品料仓中应保留1/3高度的成品料，以避免出料时跌落高度过高引起级配离析；矿料加热温度以及沥青加热温度决定沥青混合料出厂温度，混合料出厂温度又决定沥青混合料运到施工现场温度、摊铺碾压温度。因此，严格控制好混合料出厂温度非常重要。每车混合料在出厂时均应检测温度，凡不符合要求的混合料禁止出厂。

（三）热拌沥青混合料的运输

热拌沥青混合料应采用较大吨位的自卸汽车运输，车厢应清扫干净，防止沥青与车厢板黏结，车厢侧板和底板可涂一层薄薄的菜籽油，不得直接使用柴油，拌和机向运料车放料时，汽车应前后移动，分几堆装料，以减少粗集料的分离现象；沥青混合料运输车的运量应较拌和能力或摊铺速度有所富余，施工过程中摊铺机前方应有运料车在等候卸料，施工单位的运料车必须具备统一的保温覆盖设施，顶面和侧面必须有棉被保温，以防止温度散失过快，为减少沥青混合料的温度离析，在运料车运输、到场及卸料的全过程不容许揭开篷布，不符合保温要求的车辆禁止使用；连续摊铺过程中，运料车在摊铺机前10~30cm处停住，不得撞击摊铺机；运料车进入摊铺现场时，轮胎上不得粘有泥土等可能污染路面的脏物；沥青混合料运到摊铺地点后应凭运料单接收，并检查拌和质量。不符合规范规定的温度要求，或已经结成团块、已遭雨淋湿的混合料不得铺筑在道路上。

（四）热拌沥青混合料的摊铺

沥青混合料的摊铺温度应符合规范规定的要求，并应根据沥青标号、黏度、气温、摊铺层厚度选用，不符合温度要求的混合料不得使用；当施工气温低于10℃时，不得摊铺热拌沥青混合料。特别注意改性沥青混合料运输过程中的温度离析。前场每台摊铺机前应限定一辆运料车等候。遇机械故障、降雨等情况时，运料车内混合料温度降低至145℃（普通沥青）或160℃（改性沥青）以下则应予废弃；沥青混合料摊铺过程中应随时检查摊铺层厚度、路拱、横坡、平整度，不符要求时应根据铺筑情况及时进行调整，沥青混合料必须缓慢、均匀、连续不间断地摊铺，摊铺过程中不得随意变换速度或中途停顿。摊铺速度应根据拌和机产量、施工机械配套情况及摊铺层厚度、宽度综合确定。

（五）热拌沥青混合料的压实及成形

为保证压实度和平整度，初压应在混合料摊铺后较高温度下进行，并不得产生推移、发裂，压实温度应根据沥青稠度、压路机类型、气温、铺筑层厚度、混合料类型经试铺试压确定，并符合规范规定的要求；压路机应从外侧向中心碾压，遵循"先轻后重，先静后振，先慢后快，由低到高，轮迹重叠"的原则；压路机不得在未碾压成形并冷却的路段上转向、掉头或停车等候。振动压路机在已成形的路面上行驶时应关闭振动对压路机无法压实的边缘部位，应采用手扶式小型压路机碾压。桥梁、挡墙等构造物接头、拐弯死角、加宽部分及某些路边缘等局部地区，应采用振动夯板压实。在当天碾压的尚未冷却的沥青混合料层面上，不得停放任何机械设备或车辆，不得散落矿料、油料等杂物。

（六）接缝施工

摊铺时采用梯队作业的纵缝应采用热接缝。施工时应将已铺混合部分留下10~20cm宽暂不碾压，作为后摊铺部分的高程基准面，并有5~10cm的摊铺层重叠，以热接缝形式在最后做跨接缝碾压以消除缝迹。如果两台摊铺机相隔距离较短，也可做一次碾压。上下层纵缝必须错开15cm以上；表层的纵向施工接缝应顺直，且应留在车道区画线位置上。有条件时中下面层纵向施工接缝也宜留在车道区画线位置上，相邻两层位置应错开一个车道。当纵向施工接缝位置不在车道区画线上时，不得在主车道轮迹处进行纵向施工接缝，上下相邻层的纵向施工接缝应错开30cm以上；横向施工接缝主要为工作缝。相邻两幅及上下层的横向施工接缝均应错位1m以上，全部采用平接缝。平接缝应做到紧密黏结，充分压实，连接平顺，用3m直尺检查接缝平整度中下面层不得大于5mm，上面层不得大于3mm。

第三节　高速公路桥梁施工标准化

一、下部构造施工标准化管理

（一）陆上承台施工标准化管理

在桩基础施工完成并经检验合格后便可进行陆上承台的施工。陆上承台施工的顺序为：开挖基坑—凿除桩顶混凝土并检测合格—铺设底垫层—钢筋绑扎—模板安装—浇筑混凝土—拆模、养护—基坑回填。

一是基坑开挖前先由测量放样出承台中心轴线的准确位置，基坑采用人工配合机械进行开挖，开挖基坑的底部尺寸每边比承台尺寸宽 60cm，以便钢筋绑扎及模板安装。在凿除桩头混凝土后，根据地质情况相应放坡或支护。开挖至设计标高时，在基坑底部设集水井及时抽除基底积水，以防基底浸泡。整平基底后及时浇筑素混凝土垫层做整平立模层。

二是在垫层上测量放样出承台四周边线进行承台钢筋的绑扎，承台在垫层上进行绑扎，并预埋桥墩钢筋。为保证承台钢筋的混凝土保护层厚度，钢筋框外挂足够的砂浆垫块做保护层，然后进行模板安装。承台模板采用定型钢模板，外加纵槽钢、横肋方木、斜撑、拉杆加固。

三是承台混凝土由混凝土运输车运到基坑边，视场地条件用溜槽或吊车等方式送入模板内浇筑。混凝土按每 30cm 一层分层浇筑，浇筑过程中采取措施降低混凝土的水化热，边浇筑边用插入式振捣器振捣密实。混凝土浇筑完成并待混凝土达到拆模强度后拆模，洒水覆盖养护，并回填基坑到承台顶面。

（二）墩柱、盖梁施工标准化管理

1. 施工准备

分项工程开工报告已得到批复，施工现场的劳动力满足施工进度的要求，施工进度计划及分项工程的施工方案已得到批准，并对班组进行了详细的技术交底。现场安全质量保证体系已建立，明确了工点、工序负责人。水泥、砂、碎石、钢筋等材料已全部进场，配合比已确定。所需机械、设备等已准备就绪。桥梁的基础已检测完成，桥墩、盖梁的测量放样已经完成。

2. 施工技术

①墩柱、盖梁模板应采用大块定型钢模，单块模板表面积不小于 1.5m²，墩柱、盖梁模板在设计时面板厚度应不小于 6mm，肋板设计应使模板具有一定的刚度，起吊和灌注时不易产生变形，面板的变形量最大不应超过 1.5mm。

②墩柱、盖梁模板制作完成后应进行试拼，检查模板的刚度、平整度、接缝密合性及结构尺寸等，以避免给现场使用过程带来难以克服的缺陷及困难。

③模板安装前必须进行打磨、除锈，并涂刷隔离油。安装时严禁直接击打，碰撞模板平面，严禁抛扔模板。模板安装后应避免杂物入内，模板必须支立稳固，接缝严密。模板与钢筋的安装工作应配合进行，模板不应与脚手架进行连接，避免引起模板变形，板式桥墩的模板可采用拉杆固定，也可采用无拉杆模板，拉杆直径不应小于 16mm，外侧套 PVC 管。拆模后应抽出拉杆，PVC 套管沿墩柱表面切除。

④墩柱和系梁应同步浇筑，混凝土灌注完成后，应立即进行表面覆盖洒水养生，拆模后对结构物应立即进行养生，达到既保湿又防止污染的目的，混凝土的洒水养护时间一般为 7d，可根据空气的湿度及周围环境情况适当增加或缩短；当气温小于 5℃时，应采取蓄热养生。

⑤模板及支架的拆除应遵循"先支后拆，后支先拆"的顺序进行，严禁随地乱扔，应及时对模板进行除污、除锈和防锈等维修保养。拆除的脚手架及模板等应码放整齐、堆码有序。

⑥系梁、盖梁的施工若采用剪力销方案，剪力销的预埋应注意埋设顺直，有规则，施工完毕后应采用细石混凝土对预留孔洞进行封堵，严禁用土或砂填补，外侧应与混凝土颜色保持一致。

⑦墩柱及盖梁搭设的脚手架下部地基应密实，设有方木垫板，脚手架搭设应考虑人员上下的扶梯，扶梯设有护栏，扶梯的爬升角度不应超过 45°。脚手架的搭设应随同施工进度进行搭设，顶部设有工作平台，四周挂设安全网及护栏，下铺不小于 5cm 厚的木板。

⑧每座桥梁墩柱开工前，应先做试验墩，以检查模板质量、混凝土外观质量、色泽等，获得批准后方可进行全面施工。

（三）施工质量

一是墩柱、盖梁的模板安装允许偏差必须遵照下列条件执行：模板标高，±10mm；模板的内部尺寸，±20mm；轴线偏位，8mm。

二是混凝土坍落度可根据现场气温适当控制，一般情况混凝土入模保持在 5~7cm，泵送混凝土可保持在 12~14cm。

三是混凝土表面不出现裂缝，无蜂窝、麻面，水气泡很少，表面平整、密实、光洁，混凝土色泽均匀一致，无成片花纹，模板接缝或施工缝无错台，不漏浆，接缝数量做到最少。

四是使用梅花形高强砂浆保护层垫块，确保钢筋保护层符合要求，混凝土表面无漏筋和露块现象。

五是混凝土外形轮廓清晰，线条直顺，无胀模翘曲现象。

六是墩柱及盖梁混凝土原则上不允许进行修饰，但施工过程确因混凝土表面存在缺陷不影响主体结构时，应报监理工程师同意后方可进行修饰，修饰前拍照存档，修饰材料应确保色泽与结构一致。

（四）桥台施工标准化管理

1. 施工准备

分项工程开工报告已得到批复，施工现场的劳动力满足施工进度的要求，施工进度计划及分项工程的施工方案已得到批准，并对班组进行了详细的技术交底。现场安全质量保证体系已建立，明确了工点、工序负责人。水泥、砂、碎石、钢筋等材料已全部进场，配合比已确定。所需机械、设备等已准备就绪。桥台的测量放样已经完成。

2. 桥台施工技术

桥台模板一般采用钢模拼装，严禁使用自制木模，模板刚度应满足规范要求。桥台顶帽的Ⅱ级钢筋直径超过 25mm 时，连接不宜采用焊接，应采用镦粗直螺纹钢筋接头机械连接，接头必须按照有关试验规范进行试验和验收。大体积桥台混凝土浇筑应选择适合天气，一天中气温较低时进行，配合比中应适当控制水化热速度。模板及支架的拆除应遵循"先支后拆，后支先拆"的顺序，严禁随地乱扔，应及时对模板进行除污、除锈和防锈等维修保养。拆除的脚手架及模板等应码放整齐、堆码有序。混凝土灌注完成后，应立即进行表面覆盖洒水养生，拆模后对结构物应立即进行养生，达到既保湿又防止污染的目的。混凝土的洒水养护时间一般为 7d，可根据空气的湿度及周围环境情况适当增加或缩短；当气温小于 5℃ 时，应采取蓄热养生。每个墩台施工完毕后，应及时编墩台号。

3. 施工质量

桥台的模板安装允许偏差必须遵照下列条件执行：模板标高，±10mm；模板的内部尺寸，±20mm；轴线偏位，8mm。对于桥台侧墙混凝土浇筑时注意防撞护栏钢筋的预埋位置准确，与将来预制梁的防撞护栏预埋钢筋处于同一条线上；桥台背墙顶面的伸缩缝钢筋预埋高度、间距等应严格按照图纸执行；桥台顶帽支座钢板的预埋，应保证位置准确，钢板预埋采用与顶帽钢筋固定等方式保持钢板顶面水平。混凝土的坍落度宜控制在 5~8cm。混凝土表面无蜂窝、麻面，水气泡小而少，无裂纹、表面平整、密实、光洁，混凝土色泽均匀一致，混凝土表面不漏筋、不露垫块。

二、上部结构施工标准化管理

（一）预应力工程

1. 一般规定

预应力工程施工时要求采取必要的安全防护措施，防止发生安全事故，预应力钢绞线、波纹管进场存放场地硬化、平整、干燥，彩钢瓦搭棚、四周围挡、四周设置 0.5m×0.5m 排水沟。张拉使用千斤顶的额定张拉力为设计张拉力的 1.5 倍，且不得小于 1.2 倍；与千斤顶配套使用的压力表应选用防振型产品，最大读数为张拉力的 1.5~2.0 倍，标定精度不低于 1.0 级。张拉设备在使用时间超过 6 个月、张拉次数超过 300 次、使用过程中千斤顶或压力表出现异常情况、千斤顶检修或更换配件时，必须送经国家授权的法定计量技术机构标定。

2. 后张法施工

①波纹管坐标定位采用 U 形 Φ8 钢筋固定，直线段每 50cm 一道，曲线段每 40cm 一道。定位过程中应防止锐器刮破、电弧焊火花烧伤波纹管，以免造成漏浆，用大一号波纹管作为接头，接头长度不小于 30cm，接缝处用胶带缠裹牢固，防止进浆，往返缠绕一圈，缠绕宽度 5cm，混凝土浇筑前先用 PPC 管穿入波纹管，防止管道堵塞，特别注意预埋负弯矩钢束波纹管。波纹管安装，做到曲线圆滑、直线顺直，圆直段过渡平顺，波纹管与钢筋相抵时经过技术员同意适当调整钢筋。

②喇叭形垫板与梁端面必须在一个平面，垂直于孔道轴线，并固定于梁端模板和梁端主筋上，不得松动。用泡沫塑料将喇叭口堵严，防止掉进杂物，安放锚垫板前先安装螺旋筋，焊接锚下钢筋网片。

③预应力筋采用智能张拉、压浆设备进行张拉、压浆，张拉采用分级张拉，压浆采用全循环压浆，钢绞线无滑丝，切割规范，封锚规范、密实，须固定专业人员完成钢绞线张拉、波纹管管道压浆工作。

④预应力钢绞线张拉采用智能张拉设备进行张拉，采取张拉力和伸长值双控进行张拉。钢绞线下料考虑孔道长度、锚夹具厚度、千斤顶长度、张拉工作长度等因素。采用切

断机或砂轮锯切断，严禁电弧烧断，切割预留长度不小于3cm。

⑤每根钢绞线两端应做对应编号标记，同一根钢绞线在锚板上的位置相同，如不正确应调整一致穿束，这一过程中钢束不得转动，应平直通过孔道，穿入后来回拉拨几次使其通顺，防止钢绞线互相缠绕，建议采用穿束机穿束。

⑥张拉时必须采取有效的防护措施。钢绞线、锚具、千斤顶应位于同一轴线。在张拉后48h内压浆，压浆前检查设备，严格按照配合比制浆。压浆采用智能真空辅助循环压浆工艺控制压浆，压浆口封堵严实，采用控制阀门封堵，压力控制在0.5~0.7MPa。压浆时，在出浆口先排除空气、水、稀浆及浓浆，封闭出浆口后，保持不小于0.5MPa压力稳压3~5min封闭压浆口。

3. 先张法

①熟悉图纸并按施工具体情况计算好下料长度，钢绞线下料，不得用电弧、气割割断，采用切割机割断。台面清理干净，刷上隔离剂，铺放钢绞线，穿好失效塑料管，注意防止钢绞线沾污，固定好定位板，安装工作锚具及夹片。

②先张法预应力张拉程序分单根张拉和多根张拉、单向张拉和双向张拉。钢绞线的张拉实行双控张拉。先张法预应力筋张拉的程序依设计规定而定，要求每一根预应力筋受力均匀，确保限位铁板与钢横梁位置对正。

③初应力值张拉要求多根预应筋同时张拉，调整每根预应力筋的应力，要求受力一致。初应力值张拉采用单根单端张拉法，先调整到初应力，该预应力宜为张拉应力的10%~15%σ con，该力将预应力筋拉直，锚固端、连接器拉紧，在预应力筋上选定适当的位置刻画标记作为测量延伸长量的基点，然后继续张拉到测量延伸长量上，则10%~20%之间的伸长量为上$L_0=L_2-L_1$，为初应力的伸长值。

④正式张拉方法根据张拉设备的选定具体而定，大体为以下三种：一端固定，一端单根张拉，张拉顺序由中间向两侧对称进行；一端固定，一端多根张拉，千斤顶必须同步进行，保持横梁平行移动，预应力筋均匀受力，分级加载到设计张拉应力；一端单根张拉，一端多根张拉，先张拉单根预应力筋，由延伸量和油表读数双控施加30%~40%的张拉力，同时使预应力筋均匀受力，先锚固一端，再张拉多根预应力筋到超张拉应力。

⑤张拉完毕后，要求按预应力的类型选定持荷2~5min，使预应力筋完成部分徐舒，完成量为全部量的20%~50%，以减少钢丝锚固后的应力损失。预应力采用应力控制方法张拉时，要求伸长量进行校核，实际伸长量与理论伸长量的差值应控制在6%之内，否则应暂停张拉，待查明原因并采取措施予以调整后方可进行张拉。张拉满足要求后，锚固预应力筋，千斤顶回油到零。

⑥先张预应力法有时钢筋安装在预力张拉之前，主要目的是防止钢绞线断裂飞出伤人，先张拉法预应力施工，特别注意钢筋不要绑扎在钢绞线上，其技术要求跟普通钢筋混凝土一样。

⑦预制构件使用胶囊施工时，为了防止在浇筑混凝土时胶囊上浮和偏位，应采用有效措施加以固定，并对称平衡，再进行浇筑，还需要防止钢筋头划破气囊。在模板制作安装之前，模板应清洗干净，再刷合格脱离剂。其技术要求跟普通混凝土模板一样。预制构件使用胶囊施工时，充气胶囊在使用之前要求经过检查，不能漏气，安装时要求有专人检查钢筋头，钢筋头应弯向内侧，胶囊涂隔离剂。

⑧预应力预制构件混凝土一般为高标号混凝土，混凝土技术要求除了跟普通混凝土技术要求之外，还要符合有关高标号混凝土规范要求一样，在混凝土浇筑时，须做一组试块同期养护，作为钢绞线放松时间依据。当混凝土强度达到 0.4~0.8MPa 时，可以拆除气囊；当混凝土强度达到 2.5MPa 时，可以拆除外模。外模、芯模拆除且孔道检查合格后可以进行封头。

⑨同条件养护混凝土试块强度达到设计混凝土强度的 80%，弹性模量不低于混凝土 28d 弹性模量的 80% 后即可以放松，放松方法主要有：千斤法、砂箱法、螺杆张拉架和混凝土缓冲块法等。在预应力放松时，不可采用骤然切割方法，要求使用工具使预应力筋的拉应力逐渐减少，然后用砂轮锯断，预应力放松、编号后，使用起重设备吊离，堆放时排列整齐。

4. 负弯矩预应力

①负弯矩采用扁锚时必须采用两端对称同步单根张拉，张拉时严格采用张拉力和伸长值双控张拉；负弯矩采用圆锚时必须采用两端对称同步整束张拉，张拉时严格采用张拉力和伸长值双控张拉；张拉步骤符合设计要求。

②钢绞线穿束时避免钢绞线缠绕，连续端施工时波纹管无烫伤、破损，接头位置密封良好无漏浆现象，混凝土浇筑时避免振动棒碰撞波纹管。预应力筋采用智能张拉、压浆设备进行张拉、压浆，张拉、压浆规范无滑（断）丝，切割规范，封锚规范、密实，须固定专业人员完成钢绞线张拉、波纹管管道压浆工作。

③钢绞线下料考虑孔道长度、锚夹具厚度、千斤顶长度、张拉工作长度等因素。采用切断机或砂轮锯切断，严禁电弧烧断，切割预留长度不小于 3cm。

④锚具安装时要求位置、角度准确，不得出现左右高低不平或上方前倾、下方后倒或者下方前倾、上方后倒现象。负弯矩波纹管管道长度必须符合设计要求，偏差不得大于 2cm。

（二）空心板工程

1. 预制场的建设

①预制场的建设施工时，要求进行台座的设计、支撑梁的计算以及钢横梁尺寸的确定。根据工程具体情况并兼顾节约钢绞线的原则确定预制场张拉台座的长度、张拉孔数、孔道的宽度。在施工时，台座混凝土强度等级不低于C30，厚度不小于15cm，并且为防止漏浆，要求在台面两边嵌上两条软塑料管，台面铺设大于4mm的钢板，钢板与台座预留"T"形钢筋相焊接，板底面要求平整、光滑，钢板与台座牢固、可靠。

②台座要求可以承受预应力筋在构件制作时的全部张拉力，张拉台必须在张拉后不倾覆、不移动、不变形，长度在50~120m。

③支撑梁必须经过计算，包括边支撑梁的计算、中支撑梁的计算。要求在预制梁场靠桥梁一端设置足够的存梁区，存梁区基础宜采用片石浆砌，上置枕木做支承，确保地基承载力，存梁区台座采用C30混凝土浇筑，要求高于地面30cm在存梁区附近设置梁板检测台，梁板检测台要求采用不低于C30混凝土浇筑，高度不低于1.5m。

2. 预应力施工

①预应力工程施工时要求采取必要的安全防护措施，防止发生安全事故，钢绞线下料之前，熟悉图纸并按施工具体情况计算好下料长度，钢绞线下料时，不得用电弧、气割割断，要求使用切割机割断。

②要求台面清理干净，刷上隔离脱模剂，铺放钢绞线，穿失效塑料管，钢绞线无沾污，定位板固定牢固，钢绞线逐根顺直穿过定位孔，安装工作锚具及夹片。

③先张法预应力筋根据设计要求采用单根张拉和多根张拉、单向张拉和双向张拉。钢绞线张拉时严格执行双控张拉。

④限位板与钢横梁位置要确保对正，张拉时要求钢横梁始终保持左右进度一致。张拉完毕后，按预应力的类型选定持荷2~5min，使预应力筋完成部分徐舒，完成量一般为全部量的20%~50%，以减少钢丝锚固后的应力损失，实际伸长量与理论伸长量的差值应控制在6%之内，否则应暂停张拉，待查明原因并采取措施予以调整后方可进行张拉；张拉满足要求后，锚固预应力筋，千斤顶回油到零。

3. 钢筋安装施工

为防止钢绞线断裂飞出伤人，要求空心板先张法预应力工程钢筋必须在钢绞线张拉之前安装绑扎完成并验收合格。钢筋安装施工时钢筋不得绑扎在钢绞线上。预制构件使用胶囊内模板施工时，为防止在浇筑混凝土时胶囊上浮和偏位，要求采用有效措施加以固定，并对称平衡进行浇筑，防止钢筋头划破气囊。

4. 模板安装施工

模板制作安装之前，必须清洗干净，刷合格脱离剂。如果预制构件使用胶囊内模施工时，充气胶囊在使用之前必须经过检查不漏气，安装时应有专人检查钢筋头，钢筋头应弯向内侧，胶囊涂隔离脱模剂。

5. 混凝土浇筑

混凝土严格按照配合比拌制。混凝土浇筑严格按照从一端向另一端，先浇筑底板、放置胶囊内模充气，再对称分层浇筑两侧腹板、浇筑顶板的顺序浇筑混凝土。混凝土浇筑采用中 Φ50 型振捣棒振捣，如钢筋较密采用 Φ30 型振捣棒插入振捣，插入深度必须达到底板混凝土部位以保证混凝土整体性且不出现施工冷缝，振捣到混凝土表面不再有沉降，无气泡冒出，同时表面泛浆。混凝土浇筑完成终凝后立即采用自动喷淋系统土工布覆盖养护，养护时间不少于 7d，养护期间保持混凝土表面持续湿润。气温低于 5℃必须采用锅炉蒸汽、保温棚、土工膜覆盖、包裹养护，养护期不少于 7d。

6. 拆模

混凝土强度达到 0.4~0.8MPa 时，可以拆除气囊，当混凝土强度达到 2.5MPa 时，可以拆除外模，外模、芯模拆除且孔道检查合格后可以进行封端。模板拆除时要确保不损伤混凝土，及时扳出腹板两侧绞缝预埋钢筋，并对腹板外侧凿毛处理。

7. 预应力筋放松

同条件养护混凝土试块强度达到设计规定强度后，即可以放松，放松方法采用千斤法、砂箱法、螺杆张拉架和混凝土缓冲块法等。在预应力放松时，不可采用骤然切割方法，需要使用工具使预应力筋的拉应力逐渐减少，然后用砂轮锯断钢绞线。

（三）现浇箱梁工程

1. 支架工程

①支架方案必须结合实际情况和现场地理环境经过严格设计、计算并通过专家论证验收合格后方可实施，施工时严格按照经过专家论证验收合格通过的方案施工，不得擅自调整。

②支架搭设之前必须按支架方案要求对地基处理，并经过相关部门验收合格方可进行支架搭设。

③支架搭设完成必须经过相关部门验收合格后方可进行下道工序支架预压，支架预压

严格按照支架方案明确的方法、步骤、顺序实施，支架预压实施必须经过相关部门验收、认可方可进行下道工序施工。

2. 模板工程

①模板的选用符合设计要求，如设计无要求必须严格按照规范或经过论证、审批合格的现浇箱梁施工方案要求选用。模板安装必须确保固定、支撑牢固、稳定不变形。

②模板安装如须设置预拱度须按照确定的值进行预拱。钢筋绑扎前，先将模板表面清理干净，并均匀地涂刷脱模剂；钢筋绑扎期间，对模板进行保护，以防止污物污染模板面，同时也可避免脱模剂污染钢筋。

③箱梁内模由顶板底模、腹板侧模、横梁侧模及压脚模组成，内模板选用、拼装等原则为方便安装、拆除，内模支撑要求确保牢固、稳定不变形。

④为了模板的整体稳定，内外模之间加设对拉螺杆，对拉螺杆外套 PVC 塑料管。内模板拆除后必须立即清除箱室内的垃圾，浇筑封堵入口之前认真检查，确保箱室内清洁。

3. 钢筋工程

①进场钢筋原材料的力学性能必须经检验合格符合国家标准的规定要求方可使用，钢筋必须按不同品种、等级、牌号、规格及生产厂家分批验收、分别堆放，钢筋应具有出厂质量证明书，每批均应进行抽检。

②钢筋加工必须在钢筋加工场内使用数控加工设备加工，并按钢筋的不同型号、成品、半成品分区堆放，使用时使用汽车运输到施工现场汽车吊配合安装施工。

③箱梁钢筋绑扎的顺序为：底板钢筋绑扎、预应力管道安装—腹板及横隔梁钢筋绑扎、预应力管道安装—顶板钢筋绑扎、预应力管道安装。

④钢筋要求表面清洁、无油渍、无锈皮；钢筋要求顺直、无局部弯折，钢筋弯制要求符合设计要求；钢筋绑扎应牢固，必要时可采用点焊的方式加固，钢筋搭接长度要求符合规范要求；钢筋骨架保护层的厚度及强度按设计要求确定，安装时，垫块按梅花形布置，间距不超过 1m，底板和顶板适当加密，垫块要固定牢。垫块表面应洁净，颜色应与结构混凝土保持一致。

4. 预埋件工程

箱梁桥面系的永久性预埋件在精确放样后，用定位筋点焊固定；桥面泄水系统采用预埋 PVC 管成孔，PVC 管用定位筋固定，管内用棉纱或其他易取出的材料填塞严密。

5. 混凝土工程

①箱梁混凝土配合比设计满足设计及施工工艺的要求，以确保工程质量；拌制的混凝土要求均匀，流动性、和易性要好，以方便泵送，确保混凝土质量。箱梁混凝土要求由混

凝土拌和站集中拌制，用混凝土罐车运输至现场，混凝土泵车泵送入模，并利用软管布料。

②箱梁混凝土的浇筑严格按照"腹板、横梁—底板—顶板"顺序。浇筑底板混凝土时，在顶板底模上沿顺桥向按 4~5m 的距离预留混凝土下料口，横桥向每个箱室布置一个混凝土下料口，采用软管布料使混凝土下料高度小于 2m，当底板混凝土浇筑完毕，及时补好下料口处的模板，并加撑加固。腹板混凝土采取分层浇筑，分层厚度控制在 30cm 左右。

③混凝土振捣采用中 Φ30mm 或中 Φ50mm 插入式振捣棒进行振捣，振捣时，应避免振捣棒碰撞模板、波纹管及其他预埋件。混凝土振捣应密实，不漏振、欠振或过振。当混凝土浇筑临近结束时，要严格控制顶面的标高和桥面的纵、横坡度。箱梁顶面的混凝土应在其初凝前进行拉毛处理。

④混凝土浇筑前和混凝土浇筑过程中安排专人检查支架、模板、钢筋和预埋件等的稳定情况，如有松动、变形、移位，应及时处理。每次混凝土浇筑须制取试模进行强度试验，试模制作不少于规范要求，同时另制作与箱梁混凝土在同条件下养护的试件多组，以了解箱梁混凝土的变化情况。

⑤混凝土浇筑完成后及时进行养护，养护方法要适应施工季节的变化：一般情况下采用洒水养护，使混凝土表面的潮湿状态保持在 7d 以上；冬季施工期间，混凝土表面进行覆盖保温，必要时采取加热升温的方法；夏季施工期间温度高时，混凝土表面采用覆盖麻袋或土工布洒水养护，以防混凝土表面出现干缩裂缝。箱梁分段处端模拆除后，对断面混凝土进行人工凿毛，满足要求后用高压水冲洗干净。

6. 预应力工程

①预应力钢绞线、锚具原材料进场必须经过检验合格后方可使用，张拉、压浆设备必须经过国家授权的法定计量技术机构标定合格后可以使用，张拉、压浆必须采用智能张拉、压浆设备预应力工程施工时要求采取必要的安全防护措施，防止发生安全事故预应力钢绞线、波纹管进场存放场地硬化、平整、干燥，彩钢瓦搭棚、四周围挡、四周设置 0.5m×0.5m 排水沟。

②张拉使用的千斤顶、压力表要求配套使用，读数、精度符合相关的规定。张拉设备在使用时间超过 6 个月、张拉次数超过 300 次、使用过程中千斤顶或压力表出现异常情况、千斤顶检修或更换配件时必须送经国家授权的法定计量技术机构标定。

③箱梁施工前预应力钢绞线张拉控制应力必须经过严格验算并通过总监理工程师审批合格后方可实施，施加预应力在混凝土强度达到设计要求后方可进行，预应力钢束采用张拉应力与伸长量双控，伸长量误差在 ±6% 以内。

④预应力张拉顺序按设计要求执行，各断面预应力钢束均对称进行。箱梁预应力施工顺序为：波纹管及锚垫板安装、固定—波纹管穿束、钢束接长—锚具安装、千斤顶安装—预应力束张拉—孔道压浆—封锚。

⑤预应力束张拉完成后，立即进行孔道压浆，并保证压浆质量，箱梁均采用智能真空辅助压浆工艺压浆。压浆前孔道两端的封锚要符合密封要求，张拉完成后24h内进行压浆；压浆孔道为曲线，在波纹管每个波峰的最高点靠同一端设立泌水管，泌水管为钢管，高出混凝土200mm。输浆管选用高强橡胶管，橡胶管的抗压能力大于等于1MPa，带压压浆时不易破裂，连接要牢固，不得脱落。搅拌后的水泥浆进入储浆斗之前通过70目筛网进行过滤，水泥浆在压入孔道前必须做稠度、泌水性实验，符合技术指标要求后方可进行压浆。

⑥压浆工作宜在灰浆流动性下降前进行，单根孔道压浆要连续，直至完成。夏天施工期间，气温高于35℃，压浆在夜间进行；冬季孔道压浆应在正常温度下进行，同时压浆过程中及压浆后48h内，结构混凝土温度不得低于5℃。压浆结束后，立即用高压水对箱梁被污染的表面进行冲洗，防止遗漏的浮浆黏结，影响混凝土黏结质量。

⑦压浆完成后，及时进行封锚混凝土浇筑封锚施工时，先对锚具周围的箱梁混凝土进行人工凿毛，冲洗干净后，设置钢筋网、支立模板并浇筑混凝土。封锚混凝土的强度应符合设计要求。

7. 箱梁线形控制

严格按照设计提供的箱梁平曲线要素进行模板加工，并通过测量精确定位。根据设计提供的箱梁竖曲线要素及设计标高计算出箱梁的底标高，加上对支架系统进行预压所测定的预拱值，对底模进行仔细的调整。当混凝土浇筑完毕及脱模后均进行观测，并进行比较，以取得精确的模板预拱经验值。混凝土箱梁的预拱度由结构本身的竖向挠度和支架在荷载作用下的弹性和非弹性压缩组成，支架的弹性和非弹性压缩可根据支架预压测得。认真进行已浇梁段的观测，并及时地进行分析、调整。

8. 现浇箱梁质量保证措施

①施工前，编制详细的方案和专门施工工艺，报业主和监理批准，经审查批准后方可实施。浇筑混凝土前，底模、内侧模板、外侧模板的定位由螺栓、螺杆紧固与调节，保证桁架结构稳定，并具备足够的刚度，能克服混凝土浇筑过程中鼓胀现象。使用全站仪加密测量控制网，提高控制精度，保证箱梁平、立面顺直。

②选用同厂、同批号水泥浇筑相邻结构，保证颜色统一，粗细骨料由固定厂家、固定规格供应，其他原材料进场不仅要有产品合格证，且需要依技术规范要求进行复检后方可使用，对于不合格的材料、半成品严禁进场。

③钢筋、模板、水泥、粗细骨料、预应力筋、张拉千斤顶、液压油泵、压力表、锚具等原材料和机具设备的验收、试验与检验均按现行规范及有关规定进行。

第四节　高速公路隧道施工标准化

一、隧道施工准备标准化管理

（一）进行详细的施工调查

隧道工程中标后，应到现场考察，主要调查洞口地形地貌、水、电、便道、地材，掌握当地气候和气象情况，了解当地政治、经济、居民情况及风俗习惯等。

（二）合理规划施工场地

根据洞口地形特点、劳动力安排、机械设备、材料用量、工期要求、施工方法和弃碴场位置，合理布置施工场地，做好"四通一平"工作。生活场地与洞口及加工场地有一定距离。钢筋棚便于钢材卸货且运到洞内方便。堆砂石料场地与水泥库房、拌和机的位置能协调，能够形成流水线作业，方便混凝土拌制。空压机房应与洞口靠近，与配电房靠近，风管最好能与线路平行进洞，尽可能少弯头，减少风量损失。炸药库应建在较隐蔽的山坳处，与施工区和居民区有足够的安全距离。根据水源情况，可采用高山水池或无塔电动增压供水。高山水池建于洞口上方，避开隧道上方不良地质段落，满足高差要求，隧道最高点水压大于 0.3MPa。

（三）充分的技术准备工作

1. 试验准备工作

进场后及时完成试验室建设和标定工作，施工前应完成各种材料的试验检测工作和混凝土配合比试验工作。

2. 测量复核

为了减少施工误差，对隧道进出口进行贯通测量，同时在洞口加密控制点。

3. 施工组织设计编制

施工组织设计是施工的准绳，它是根据设计文件的要求、工程地质条件、实际施工机械力量和技术水平编制的，通过施工组织设计确定合理的施工方案，对整个工程做出科学规划和合理部署，并制订出工程所需的劳动力、施工机械、所需材料、投资等供应计划，从而使施工有条不紊地进行。

4. 项目管理制度制定

施工组织设计贯彻是否顺利，项目管理目标能否实现，主要取决于管理素质和技术素质，而体现管理水平的标志是管理制度是否完善。正式开工前，项目部应结合上级要求和项目部实际情况，制定行之有效、切实可行的技术、质量、进度、财务等管理办法。

二、隧道标准化施工的设备配置要求

（一）挖装设备

①挖掘机主要用于找顶和挖仰拱。隧道工程要求挖掘机的功率要大，才能有足够的动力挖掘大石块和找顶彻底，挖掘机型号应在 220 以上，1 洞口配置 1 台，操作司机 2 人。

②装载机分前后场地使用，前场主要掌子面出碴，配备 2 台，后场用于上拌和料和文明施工配置 1 台，型号 50 以上，司机 4 人。

③自卸运输车要求运输能力在 15t 以上，每车可装渣 10m³，一般在 1000m 内配置 4 台，2000m 内配置 5 台，3000m 配置 6 台，每辆车驾驶员 1 人。

（二）动力设备

1. 空压机

选择电动空压机，有螺杆式、活塞式、移动式等，根据隧道长短可选择不同类型的空压机。空压机设两名司机。

2. 施工用电

根据现场总用电，按 80% 做同时系数，实际用电在变压器容量的 75% 为最佳。现场须配置 1 台 200kW 以上的发电机作备用。

（三）其他设备

1. 钻孔设备

根据隧道的长度、围岩地质情况，选择不同的钻孔设备，大型的 TBM 掘进机、盾构机，中型的有多臂台车，常见的是手持风钻（YT28）。为了超前钻孔，可配置 YQ100 型潜孔钻机、XP 型地质钻机、进口 C6 等超前钻孔设备。

2. 衬砌台车

由于对外观要求的提高，同时随着机械技术的发展，液压衬砌台车已普遍运用，其特点是自动调节伸缩，安装方便，模块面积大，混凝土外观好。

3. 输送泵

选用 60 以上输送泵。

4. 通风机

洞口风机主要采用轴流风机，型号有 2×55kW、2×75kW、2×110kW、2×l35kW 等，风管直径有 0.8m、1m、1.2m、1.5m、1.8m 等几种规格，风机与风管的选择须根据隧道长度、断面大小计算，一般要配套。

三、隧道标准化施工现场管理

（一）原材料管理

材料存放场地使用 C20 以上标号混凝土全部硬化，厚度不小于 20cm，进、出搅拌站便道采用 20cm 厚 C20 混凝土硬化。搭设防雨棚、四周围挡存储，分隔有效，无窜料，无混堆，拌和站材料堆放隔墙高度不小于 3m、厚度为 0.6m 混凝土墙。水泥存放符合防雨、防潮要求，明显位置设置材料标识牌，成品、半成品分开堆放。四周设置 0.5m×0.5m 排水沟。

（二）隧道通风、供电

供风能力须满足隧道正常施工需要，供风管路布置应尽量避免压力损失，保证工作而使用风压不小于 0.5MPa，隧道掘进 50mm 后应进行供风，供风管道前端至开挖面距离不应大于 20mm。照明和动力线路安装在同一侧时，必须分层架设。

（三）监控量测

量测坑道断面的收敛情况，包括量测拱顶下沉、净空水平收敛以及铺底鼓起。拱顶下沉和水平收敛量测断面的间距为：Ⅲ 级以上围岩不大于 40m；Ⅳ 级围岩不大于 25m；Ⅴ 类围岩应小于 20m，围岩变化处应适当加密，在各类围岩的起始地段增设拱顶下沉测点 1~2 个，水平收敛 1~2 对。当发生较大涌水时，Ⅳ、Ⅴ 类围岩量测断面的间距应缩小至 5~10m。净空水平收敛测线的布置应根据施工方法、地质条件、量测断面所在位置、隧道埋置深度等条件确定。在地质条件良好，采用全断面开挖方式时，可设一条水平测线；当采用台阶开挖方式时，可在拱腰和边墙部位各设一条水平测线。拱顶下沉量测应与净空水平收敛量测在同一量测断面内进行，可采用水准仪测定下沉量。当地质条件复杂，下沉量大或偏压明显时，除量测拱顶下沉外，尚应量测拱腰下沉及基底隆起量。位于Ⅳ~Ⅴ级围岩中且覆盖厚度小于40m的隧道，应进行地表沉降量测。根据图纸要求或监理工程师指示，通过实地踏勘，应在施工过程中可能产生地表塌陷之处设置观测点。地表下沉观测点应按普通水准基点埋设，并在预计破裂面以外3~4倍洞径处设水准基点，作为各观测点高程测量的基准，从而计算出各观测点的下沉量地表下沉量测频率和拱顶下沉及净空水平收敛的量测频率相同。

（四）隧道洞身开挖标准化施工

一是隧道洞身开挖进尺必须严格按相关规范标准控制安全距离，隧道开挖应采用"管超前、严注浆、短开挖、强支护、勤测量、快封闭"的原则，开挖后应及时支护，避免造成坍塌。

二是严禁隧道单向掘进，出洞隧道必须在距洞口不小于30m的洞内贯通。采用单向掘进时，应选择合理的时机开挖另一洞口，确保洞口安全。应做好施工放样测量，以保证隧道按设计方向和坡度施工，使开挖断面符合设计要求，尽量做到不超挖，严禁欠挖。洞内应每隔50m设置一个水准点。

三是连拱隧道施工应合理安排两侧主洞开挖、初支、二衬等工序的先后顺序及步距，减少先行洞、后行洞施工时相互对围岩及结构的扰动，以确保施工安全。一般情况下，不宜左右两洞齐头并进，宜先左（右）洞，后右（左）洞；先行洞应选择在偏压侧或地质较为软弱的一侧；先行洞开挖超前另侧主洞30~50m。应严格按设计要求进行中隔墙施工，中隔墙顶必须回填密实，并应预埋与主洞钢支撑连接的钢板。

四是小净距隧道施工应结合中岩墙厚度、围岩条件及埋深等制订单项施工技术方案。先行洞与后行洞掌子面错开距离应大于2倍隧道开挖宽度。隧道双向开挖的贯通宜选择在Ⅳ级以上围岩地段，双向开挖距离25m时，两端施工应加强联系、统一指挥，并采取浅眼低药量，控制爆破震动。当两开挖面间的距离为15m时，应改为单向开挖，将另一端人员机具撤走，并在安全距离处设立警告标志；开挖端每次爆破作业时应提前30min通知另一端。

⑤双洞开挖时，应根据两洞的轴线间距、洞口里程距离、地质条件及其他自然条件，选择适当的开挖方法，确定好两洞开挖的时间差和距离差，并采取措施防止后行洞开挖对先行洞周壁产生不良影响。

（五）隧道小导管、锚杆标准化施工

一是钻孔深度不应小于锚杆杆体有效长度，但深度超长值不应大于 100mm。钻孔宜保持直线，系统锚杆钻孔方向宜与开挖面垂直，当岩层层面或主要结构面明显时，应尽可能与其成较大交角，但与开挖面的垂直偏差不应大于 20°；局部锚杆应尽可能与岩层层面或主要结构面呈大角度相交。

二是锚杆深度要求：水泥砂浆锚杆孔深允许偏差为 ±50mm；早强药包锚杆孔深应与杆体长度配合适当。安装垫板时，应确保垫板与锚杆轴线垂直，确保垫板与喷射混凝土层紧密接触。当锚杆孔的轴线与孔口面不垂直时，可采用两种方法进行调整：一是在螺帽下安装楔形垫块；二是在垫板后用砂浆或混凝土找平。锚杆砂浆凝固前不得加力。普通水泥砂浆锚杆与中空注浆锚杆施工顺序不同，施工顺序为成孔后先注浆再安装锚杆。

三是普通水泥砂浆锚杆宜选用螺纹钢筋做锚杆。锚杆外露端应加工 120~150mm 的标准螺纹，并采用配套标准螺母。砂浆应随拌随用，一次拌和的砂浆应在初凝前用完，已初凝的砂浆不得使用。采用单管注浆工艺，灌浆管应插至距孔底 50~100mm 处，开始注浆后反复将注浆管向孔底送，使砂浆将孔内多余的水挤压出孔，之后随水泥砂浆的注入缓慢匀速拔出。灌浆压力不宜大于 0.4MPa。

四是注浆开始或中途暂停超过 30min 时，应用水润滑灌浆罐及其管路。砂浆灌注后应及时插入锚杆杆体，锚杆杆体插到设计深度时，孔口应有砂浆流出，若孔口无砂浆流出，则应将杆体拔出重新灌浆。全长黏结锚杆应灌浆饱满。对中空锚杆的注浆，监理必须有旁站记录，严禁未注浆行为。中空注浆锚杆施工时应保持中空通畅，并留有专门排气孔。螺母应在砂浆初凝后拧紧，并使垫板与喷射混凝土面紧密接触。中空注浆锚杆应有锚头、垫板、螺母、止浆塞等配件。注浆过程中，注浆压力应保持在 0.3MPa 左右，待排气口出浆后，方可停止灌浆。

五是水泥砂浆药包锚杆应对药包做泡水检验，药包包装纸应采用易碎纸。药包不应有受潮结块现象，药包宜在清水中浸泡，随用随泡。药包应以专用工具推入钻孔内，防止中途破裂。锚杆宜采用手送插入并转动锚杆，也可锤击安装，但不得损伤锚头螺纹。锚杆插到设计深度时，孔口应有砂浆流出，无流出时应补灌砂浆。砂浆的初凝不得小于 3min，终凝不得大于 30min。应使垫块与喷射混凝土紧密接触。

（六）隧道钢拱架标准化施工

一是隧道钢拱架间距符合设计，在允许误差以内钢架安装应确保两侧拱脚必须放在牢固的基础上。安装前应将底脚处的虚渣及其他杂物彻底清除干净；脚底超挖、拱脚标高不

足时，应用喷射混凝土填充；拱脚高度应低于上半断面底线 15~20cm，当拱脚处围岩承载力不够时，应向围岩方向加设钢垫板、垫梁或浇注强度不低于 C20 的混凝土以加大拱脚接触面积。

二是钢架应分节段安装，节段与节段之间应按设计要求连接。连接钢板平面应与钢架轴线垂直。相邻两榀钢架之间必须用纵向钢筋连接，连接钢筋直径不应小于 18mm，连接钢筋间距不应大于 1.0m。钢架立起后，根据中线、水平将其校正到正确位置，然后用定位筋固定，并用纵向连接筋将其和相邻钢架连接牢靠。钢架安装时应垂直于隧道中线，竖向不倾斜、平面不错位、不扭曲。上、下、左、右允许偏差±50mm，钢架倾斜度应小于 2。钢架在初喷混凝土后安装，应尽可能与围岩或初喷面密贴，有间隙时应采用混凝土垫块楔紧，严禁采用片石回填。

三是钢架安装就位后，钢架与围岩之间的间隙应用喷射混凝土充填密实，并使钢架与喷射混凝土形成整体。喷射混凝土应由两侧拱脚向上对称喷射，并将钢架覆盖，临空一侧的喷射混凝土保护层厚度应不小于 20mm。钢架应经常检查，如发现破裂、倾斜、弯扭、变形以及接头松脱填塞漏空等异状，必须立即加固。钢架的抽换、拆除，应本着"先顶后拆"的原则进行，防止围岩松动坍塌。

（七）喷射混凝土标准化施工要求

一是岩面有渗水出露时，应先引排处理。当局部出水量较大时，可采用埋管、凿槽、树枝状排水盲沟等措施，将水引导疏出后再喷射混凝土。混凝土中可根据试验结果增添外加剂以确保喷射混凝土质量。

二是应埋设标志或利用锚杆外露长度以控制喷射混凝土的厚度，以确保最小厚度满足设计要求。检查材料、机具、劳力的准备情况，检查风、水、电等管线路，并试运转，作业面具有良好的通风和照明条件。喷射设备应能连续均匀混料并喷射。混料设备应严格密封，以防外来物质侵入在混合料中添加钢纤维时，宜采用钢纤维播料机。

三是物料，水泥：宜选用硅酸盐水泥或普通硅酸盐水泥。特殊情况下可采用特种水泥，采用特种水泥时应进行现场试验，指标应满足设计要求。

粗集料：应采用连续级配、坚硬耐久的碎石，最大粒径不应大于 13.2mm，其压碎值应小于等于 16%，针片状颗粒含量小于等于 25%，含泥量小于等于 2.0%。

细集料：要求采用连续级配、坚硬耐久、颗粒洁净、粒径小于 4.75mm 的河砂或机制砂，细度模数宜大于 2.5，其含泥量小于等于 5.0%。

外加剂：应对混凝土的强度及围岩的黏结力基本无影响，对混凝土和钢材无腐蚀作用，易于保存，不污染环境，对人体无害。外加剂使用前必须进行相应性能试验。凡喷射混凝土拟用于堵塞漏水灌浆，或要求支撑加固尽快达到强度值的，可掺加早强剂于混合料中。为使喷射混凝土在喷射后达到速凝，可掺加速凝剂于混合料中。

速凝剂：应根据水泥品种、水灰比等，根据不同掺量的混凝土试验选择掺量，使用前应做好速凝效果试验，要求初凝不应大于 5min，终凝不应大于 10min。应采用液体速凝剂，严禁采用粉体速凝剂。

水：应采用清洁的饮用水，pH 值不小于 4，硫酸盐含量不超过 1% 的清水（按重量计）。在喷射混凝土的用水中，含有的有机物和无机物应以不损害混凝土的质量为准。

外掺料：外掺料剂量应通过试验确定，加外掺料后的喷射混凝土性能必须满足设计要求。

四是隧道开挖后应立即对岩面喷射混凝土，以防岩体发生松弛。喷射作业应分段、分片依次进行，喷射顺序自下而上进行，每次作业区段纵向长度不宜超过 6m。喷射混凝土作业须紧跟开挖面时，下次爆破距喷射混凝土作业完成时间的间隔不小于 4h 喷射混凝土混合料应随拌随喷，回弹物不得重新用作喷射混凝土材料。

五是一次喷射厚度应根据设计厚度和喷射部位确定，初喷厚度不小于 40mm。复喷一次喷射厚度拱顶不得大于 100mm、边墙不得大于 150mm。首层喷混凝土时，要着重填平补齐，将小的凹坑喷圆顺。岩面有严重坑洼处采用锚杆吊模喷射混凝土处理，喷射作业应以适当厚度分层进行，后一层喷射应在前一层混凝土终凝后进行。若终凝后间隔 1h 以上且初喷表面已蒙上粉尘时，受喷面应用高压风水清洗干净。喷射混凝土作业时喷嘴应垂直岩面；喷嘴距岩面距离以 0.6~1.2m 为宜，喷射料束与受喷面垂线成 5~15° 夹角时最佳；喷射时，应使喷射料束螺旋形运动；喷射机工作压力应控制在 0.1~0.15MPa。

六是钢架与壁面之间的间隙应用混凝土充填密实；喷射混凝土应由两侧拱脚向上对称喷射，并将钢架覆盖，保证将其背面喷射填满，黏结良好。拱脚基础喷射混凝土要密实，严禁悬空。喷混凝土终凝 2h 后，应喷水养护，养护时间不少于 7d；隧道内环境温度低于 5℃时，不得喷水养护。冬季施工时，喷射混凝土作业区的温度不应低于 5℃，混合料进入喷射机的温度不应低于 5℃，在结冰的岩面上不得进行喷射混凝土作业，混凝土强度未达到 6MPa 前不得受冻。

（八）隧道排水施工标准化

一是环向盲沟：严格按照设计间距设置洞内环向盲沟，环向盲沟的底部要插入"三通接头"并与拱脚纵向排水管相连。拱脚纵、横向排水管、纵向排水管与三通接头连接后，要用土工布进行包裹。

二是用防水板将纵向排水管进行反包，并在防水板上剪一圆孔，将三通接头的出水口穿过该孔。要做好纵向排水管的标高控制，确保排水通畅。将横向排水管与三通接头的出水口相连，横向排水管的出水口直通隧道排水边沟，拱脚的横向排水沟要能够及时有效地将二衬背后的水排入边沟，施工过程要经常检查，以确保整个排水系统的通畅。

三是隧道排水边沟：排水边沟的几何尺寸和沟底纵坡要严格按设计施工，以使洞内水顺利排出，中心排水管坡度应符合设计要求，管路埋设好后，应进行通水试验，发现积水、漏水应及时处理。

四是隧道洞身施工完毕后，不得出现渗水、漏水现象。隧道防水板焊接宽度满足设计要求。

（九）隧道衬砌钢筋施工标准化

一是横向钢筋与纵向钢筋的每个节点均须进行绑扎或焊接；钢筋焊接搭接长度应满足设计及规范要求，受力主筋的搭接应采用焊接。箍筋连接点应在纵横向筋的交叉连接处，必须进行绑扎或焊接。

二是安装钢筋时，钢筋长度、间距、位置、保护层厚度应满足设计要求。钢筋制作必须按设计轮廓进行大样定位。先由测量人员用坐标放样在调平层及拱顶防水层上定出自制台车范围内前后两根钢筋的中心点，确定好法线方向，确保定位钢筋的垂直度及与仰拱预留钢筋连接的准确度。钢筋绑扎的垂直度采用三点吊垂球的方法确定。用水准仪测量调平层上定位钢筋中心点标高，推算出该里程处圆心与调平层上中心点的高差，采用自制三脚架定出圆心位置。

三是圆心确定后，采用尺量的方法检验定位钢筋的尺寸是否满足设计要求，对不满足要求位置重新进行调整，全部符合要求后固定钢筋。钢筋固定采用自制台车上由钢管焊接的可调整的支撑杆控制。定位钢筋固定好后，根据设计钢筋间距在支撑杆上用粉笔标出环向主筋布设位置，在定位钢筋上标出纵向分布筋安装位置，然后开始绑扎此段范围内钢筋。各钢筋交叉处均应绑扎。

四是钢筋保护层应全部采用高强砂浆垫块来控制，不得使用塑料垫块。要求主筋纵向间距、分布筋环向间距、内外层横向间距、保护层厚度符合设计要求。

（十）隧道二衬混凝土

一是混凝土拌制前，应测定砂石含水率并根据测试结果调整材料用量，提出施工配合比。拌制混凝土拌和物时，水泥质量偏差不得超过±1%，集料质量偏差不得超过±2%，水及外加剂质量偏差不得超过±1%。混凝土浇筑前，必须将基底石碴、污物和基坑内积水排除干净，严禁向有积水的基坑内倾倒混凝土干拌和物。

二是泵送混凝土前应采用按设计配合比拌制的水泥浆或按骨料减半配制的混凝土润滑管道。混凝土由下至上分层、左右交替、从两侧向拱顶对称灌注。每层灌注高度、次序、方向应根据搅拌能力、运输距离、灌注速度、洞内气温和振捣等因素确定。为防止浇筑时两侧侧压力偏差过大造成台车移位，两侧混凝土灌注面高差宜控制在 50cm 以内，同时应合理控制混凝土浇筑速度。

三是浇筑混凝土应尽可能直接入仓，混凝土输送管端部应设接软管控制管口与浇筑面的垂距，混凝土不得直冲防水板板面流至浇筑位置，垂距应控制在 1.2m 以内，以防混凝土离析。施工过程中，输送泵应连续运转，泵送连续灌注，宜避免停歇造成"冷缝"。如因故中断，其中断时间应小于前层混凝土的初凝时间或能重塑时间，当超过允许时间时，应按施工缝处理。应在初凝以前将接缝处的混凝土振实，并使缝面具有合理、均匀稳定的坡度，凡是未振实又超过该水泥初凝时间的混凝土，应予清除。

四是当混凝土浇至作业窗下 50cm，作业窗关闭前，应将窗口附近的混凝土浆液残渣及其他杂物清理干净，涂刷脱模剂，将其关紧，防止窗口部位混凝土表面出现凹凸不平的补丁甚至漏浆现象。隧道衬砌起拱线以下的反弧部位是混凝土浇筑作业的难点部位，应对混凝土性能、坍落度及捣固方法进行有效控制，以减少反弧段气泡，有效改善衬砌混凝土表面质量。混凝土的入模温度，在冬季施工时不应低于 5℃，夏季施工时不应高于 32℃。

五是混凝土应采用振动器振捣密实，并应采取切实可靠的措施确保混凝土密实。振捣时，不得使模板、钢筋、防排水设施、预埋件等移位。封顶采用顶模中心封顶器接输送管，逐渐压注混凝土封顶。当挡头板上观察孔有浆溢出，即标志封顶完成。拱部混凝土衬砌浇筑时，应在拱顶预留注浆孔，注浆孔间距应不大于 3m，且每模板台车范围内的预留孔应不少于 4 个。拱顶注浆填充，宜在衬砌混凝土强度达到 100% 后进行，注入砂浆的强度等级应满足设计要求，注浆压力应控制在 0.1MPa 以内。

六是每次混凝土浇筑完成后，应及时清理场地的废弃混凝土及垃圾，保持施工现场整洁。衬砌混凝土强度采用回弹法，强度推定值大于设计强度且小于设计强度的 1.5 倍为合格。

第五节　高速公路试验检测标准化

试验检测是一项极为重要的工作，它为工程施工及验收提供科学的数据，是公路工程质量控制的重要技术手段。

一、试验检测机构的设定与职责分工

一是指挥部通过公开招标确定的第三方试验检测机构，单位、项目经理部试验检测工作实行指挥部统一管理下的总工程师负责制。总工程师办公室下设中心试验室，具体负责本工程项目合同段日常试验检测的监督、指导、管理工作；驻地工程师办公室设试验室，负责所辖施工范围内的试验、检测、抽检及管理工作；项目经理部设工地试验室，负责所承建工程的试验检测工作。各级工地试验室必须通过上级主管部门的考核认定和信用评价，取得"考核合格证书"且信用评价符合高等级公路建设要求。

二是第三方试验检测机构试验检测工作职责：服从质量监督机构和指挥部的共同管理，接受交通主管部门以及行业管理部门的监督管理。按合同文件配置满足检测需要的检测设备、仪器。认真做好试验设备标定与校准工作，并确保试验检测设备满足工作需要。独立完成合同文件规定的试验检测项目，对提供的试验数据、试验报告、试验结果负责。及时、准确收集整理试验检测资料，对要求上报的各类报表及时上报，接受质量监督机构和指挥部的稽查。

三是总工程师中心试验室工作职责：指导、协调试验检测工作，检查项目经理部对试验标准和规程的执行情况，对试验检测资料及抽检频率进行定期或不定期检查，并按有关要求审查试验检测报表。负责本项目合同段的试验检测的检查、复核，认真审核驻地及项目经理部报送的试验检测资料，并按规定进行抽检或平行试验。定期维护保养和标定本试验室设备，并对项目经理部的试验设备情况进行全面检查。按合同、技术规范规定完成验证试验、抽样试验，审核项目经理部报送的标准试验，当驻地办与项目经理部发生试验纠纷时做裁决试验。

四是驻地工程师试验室工作职责：定期维护保养和标定本试验室设备，负责对项目经理部设备配置及标定情况进行检查。对项目经理部的试验检测抽检频率及试验过程进行旁站检查。独立完成规定频率的试验检测抽检试验。负责对项目经理部试验检测资料的审核签认，并按时上报有关报表。

五是项目经理部工地试验室工作职责：认真做好试验设备标定与校准工作，并确保试验检测设备满足工作需要。完成标准试验，并按规定程序及时上报审批。按施工技术规范及试验规程完成自检试验项目，达到规定的抽检频率，及时、准确收集整理试验检测资料，对要求上报的各类报表及时上报。对施工现场进行旁站检查及指导。对指挥部通过招标选择的第三方检测机构进行的试验检测项目给予密切配合。

二、试验检测机构的要求

一是项目经理部工地试验室及质检部门是整个工程项目数据控制和检验测定的关键部

门。工地试验室的规模、试验检测设备及数量应满足工程实施中各项试验检测的要求，应有各项专业工程师及经过培训合格的试验、检测人员，有健全的规章制度及明确的岗位职责，试验检测人员必须稳定，不能随意更换，若其负责人调离岗位，必须以书面形式报驻地工程师和总工程师批准，并报项目指挥部监理管理办公室认可。对各合同段不称职的试验检测人员，指挥部、总监办有权通知项目经理部进行撤换。

二是项目经理部的质检部门及工地试验室除应承担独立的试验项目外，还应对现场试验、检测的设备功能、人员资质、操作方法、资料管理工作进行有效监督、检查和管理。

三是项目经理部的试验检测设备及仪器必须按投标书承诺配齐，满足项目试验检测需要，工程师应定期或不定期地对项目经理部的试验检测仪器进行检查，并监督项目经理部定期请质量监督单位对仪器进行标定与校准。凡未经过标定与校准的仪器设备不准投入使用，所做的试验数据不予认可。

四是试验检测的各项工作，统一按国家正式颁布的试验规程及部级行业标准进行。

五是各种试验检测资料采用统一下发的表格进行记录计算，并且必须有工程师签字，才能作为有效的竣工资料。

六是在施工过程中，应按检验频率随机对用于工程的材料或成品、半成品、构件进行抽样验证检查，不合格的材料或成品、半成品、构件和未经取样报批的材料不准使用，并责令项目经理部限期清理出施工现场。

七是标准试验是对各项工程内在质量施工前的数据采集，它是控制和指导施工的科学依据，标准试验必须按规定的程序上报批准后方可使用。在正常情况下每 6 个月进行一次混凝土配合比、砂浆配合比等标准试验的校核及报批。当材料发生变化时必须重新做标准试验并上报审批，粗集料必须采用联合碎石机生产。

八是总工程师中心试验室应在项目经理部进行标准试验的同时或以后，进行平行复核（对比）抽检试验，以肯定、否定或调整项目经理部标准试验的参数或指标。

九是工艺试验是依据技术规范的规定，在路基、路面等需要预先试验方能正式施工的分项工程，开工前项目经理部必须先进行工艺试验，工程师必须对项目经理部的工艺试验进行全过程旁站，详细记录，工艺试验结束后由项目经理部提出试验报告，并经驻地工程师签注意见后报总工程师中心试验室审查批准，才能正式依据工艺试验的成果全面指导施工。

十是项目经理部对原材料的抽样试验必须在驻地工程师的旁站下进行，驻地工程师必须对项目经理部的抽样频率取样方法及试验过程进行现场监督。

十一是对试验确定的原材料、配合比，要认真进行技术交底，挂牌施工，使现场监督人员人人清楚。在工程中使用的水泥、钢材、沥青等，必须收集出厂检验证明和抽样试验报告。

十二是驻地工程师对已完工程的实际内在质量，通过钻芯取样、破损检测等方法进行有效监督，与试验检测结果进行对比评定。

十三是试验检测工作现场的目的是对项目经理部各项施工程序、施工方法和施工工艺进行有效控制，实行全方位、全过程、全环节的施工控制，应包括下列主要内容：检查用于工程的材料、设备、工艺与批准的分项开工申请单是否相符；旁站检查各种用于工程实体的集料级配、配合比及用量与批准的标准试验是否一致；按规定的频率进行抽检和平行试验，核对项目经理部的试验检测数据；工程师通过试验检测发现存在质量问题时应及时向承包人发出警告或做出明确指令。

三、试验检测资料的报批程序

一是原材料试验及标准试验：中心试验室审批有关新工艺、新材料、一般建设项目的工程划分中主要工程的原材料试验和标准试验资料；其余的由驻地办试验室负责审批。

二是在各项工程开工前，应由项目经理部中心试验室完成标准试验检测工作，并将试验检测结果报驻地办试验室，驻地办试验室通过复核、平行试验确定合格后，标准试验资料报中心试验室审核批准。驻地工程师应参加项目经理部试验检测的全过程，并严格进行现场监督检查。

四、试验检测资料的管理

一是原始记录是试验检测结果的如实记载，不允许随意更改或删除，应使用符合档案要求的笔墨填写，内容应填写完整，没有内容的地方应划"——"或填"无"；原始记录如须更改，作废数据应画两条水平线，并将正确数据填在上方，同时加盖更改人印章或签名。

二是试验室由于资料类别多，应有专人负责整理记录，制定文件资料借阅、查找制度，对外发送的报告及上报的资料应在台账中如实记载。

三是项目经理部试验资料必须在试验完成后三天内提交驻地工程师签认审批；中心试验室在每月 25 日前，报分指挥部一份试验检测月报，具体内容应写明当月试验检测工作的情况、工作中出现的问题及改进意见、项目经理部试验检测频率是否达到规范要求、通过试验检测工作对施工的工程质量做出评定等。

四是中心试验室对上报的各标段试验检测月报具体事项应逐条检查落实，并汇总后于下月 5 日前写出试验检测工作月报，报分指挥部工程管理办公室审核后报总指挥部管理办公室。

五是任何一份试验检测资料必须按照确定的表格编制，原始记录和报告要实事求是、字迹清晰、整齐规范、签证齐全、数据可靠、结论明确，应有试验、复核、计算以及负责人签字及试验日期，并加盖试验专用公章后方能生效，属报批的必须有正式的批复文件；全部试验检测资料必须分类保存，待工程完工后按竣工资料编制办法进行整理装订、归档保存。

第五章　公路工程施工现场管理

第一节　施工准备阶段管理

一、施工准备阶段的工作内容

施工准备阶段是工程项目施工生产的首要环节，其基本任务是为工程的正式展开和顺利施工创造必须的条件。其主要工作有以下五点：

（一）建立施工的技术条件

主要包括下列内容：

一是研究和熟悉设计文件并进行现场核对；

二是补充调查资料；

三是设计交桩和设计技术交底；

四是建立工地实验室；

五是编制施工组织设计；

六是编制施工预期。

（二）建立施工的物资条件

主要包括下列内容：

一是组织材料订货、加工、运输和进场；

二是施工机械设备的进场、安装和调试；

三是设置施工临时设施。

（三）组织施工力量

主要包括下列内容：

一是组建施工队伍，成立项目管理机构；

二是组织特殊工种、新技术工种的技术培训；

三是落实协作配合条件，组织专业施工班组，签订专业分包合同；

四是对临时工的教育和培训。

（四）建立以责任制为核心的规章制度

包括以下内容：

一是岗位责任制。

二是经济管理规章制度。

三是标准化工作。包括技术标准、技术规程和管理标准的制定、执行和管理工作。

四是制定各类技术经济定额。根据项目管理的实际情况，制定出反映项目水平的消耗定额、状态定额和效率定额。

五是计划工作。包括计量核定、测试、化验分析等方面的计量技术和计量手段的管理工作。

（五）建立施工的现场准备

根据施工组织设计及施工平面图布局的要求，进行施工场地准备及工作面的准备工作。工程施工对象的性质、规模不同，施工准备工作的内容和组成也不尽相同。然而施工准备工作的基本内容主要有两个方面：一是抓规划，编制施工组织设计；二是在施工组织设计指导下，抓施工条件的落实。

二、技术准备

（一）研究和熟悉设计文件并进行现场核对

组织有关人员学习设计文件，是为了对设计文件、图纸及资料进行了解和研究，使施工人员明确设计者的设计意图，熟悉设计图纸的细节，掌握设计人员收集的各种原始资料，对设计文件和图纸进行现场核对。其主要内容如下：

一是各项计划的布置、安排是否符合国家有关方针政策和规定；

二是设计文件所依据的水文、气象、土壤等资料是否准确、可靠、齐全；

三是对水土流失、环境影响的处理措施；

四是路基平、纵、横断面，构造物总体布置和桥涵结构物形式等是否合理，相互之间是否有错误和矛盾；

五是核对路线中线、主要控制点、水准点、三角点、基线等是否准确无误，主要构造物的位置、尺寸大小、孔径等是否恰当，能否采用更先进的技术或使用新型材料；

六是路线或构造物与农田、水利、航道、公路、铁路、电信、管线及其他建筑物的互相干扰情况及其解决办法是否恰当，干扰可否避免；

七是对地质不良地段采取的处理措施；

八是主要材料、劳动力、机械台班等计算是否准确；

九是施工方法、料场分布，运输工具、道路条件等是否符合实际情况；

十是临时便桥、便道、房屋布设是否合理，电力、电讯设备、桥梁吊装方案、设备、临时供水、场地布置等是否恰当；

十一是各项协议文件是否齐备、完善；

十二是工程验算以及采用的定额是否合理。如现场核对时发现设计不合理或错误之处，应做好详细记录并拟定修改意见，待设计技术交底时提交。

（二）补充调查

现场补充调查的目的是为编制施工组织设计进行资料准备。这与投标前的事前调查在大的范围上是基本一致的，但是深度不同。因为编制施工规划和编制施工组织设计要求掌握的资料更为具体和详细。调查的主要内容如下：

一是施工地区的自然条件，如气象、水文、地质、地形情况等。

二是地方材料市场及供应情况。同时，必须了解材料供应季节性的特点和要求。

三是施工地区的交通运输条件。

四是施工地区可供施工使用的施工机械设备情况，包括数量、规格、能力等。

五六施工现场情况。

六是当地市政、公用服务设施情况。

七是施工地区的其他建筑安装企业、建筑制品或构件工厂的可能协作配合条件，以及当地可作为临时工的劳动力情况等。

八是施工地区对环境保护、防治施工公害方面的要求及技术标准等。

（三）设计交桩和设计技术交底

工程在正式施工之前，应由勘测设计单位向施工单位进行交桩和设计技术交底。交桩应在现场进行，设计单位将路线测设时所设置的导线控制点和水准点及其他重要点位的标志逐一移交给施工单位。施工单位在接受这些控制点后，要采取必要措施妥善加固保护。

设计技术交底一般由建设单位主持，设计、监理和施工单位参加。交底时设计单位应说明工程的设计依据、设计意图和功能要求，并对某些特殊结构、新材料、新技术以及施工中的难点和须注意的方面详细说明，提出设计要求。施工单位则将在研究设计文件中发现的问题及有关修改设计的意见提出，由设计单位对有关问题进行澄清和解释，对于合理的修改意见，经讨论认为确有必要，可在统一认识的基础上，对所讨论的结果逐一记录，并形成纪要，由建设单位正式行文，参加单位共同会签，作为与设计文件同时使用的技术文件和指导施工的依据，以及进行工程结算的依据。

（四）建立工地试验室

公路工程施工过程中，必须进行各种材料试验，以便选用合适的材料及材料性能参数，才能保证公路工程结构物的强度和耐久性，并有利于掌握各种材料的施工质量指标，保证结构物的施工质量。

工地试验室是为施工现场提供直接服务的试验室，主要任务是配合路基、路面施工，对工地所用的各种原材料、加工材料及结构性材料的物理力学性能，以及施工结构的几何尺寸等技术参数进行检测。

一个比较正规的工地试验室，应配备 3~6 个基本试验人员。其中，试验室主任或负责人 1 人，试验员 2~5 名。至少应有 $100m^2$ 的试验用房，才能布置好不同项目所需要的使用仪器（具）设备和办公、保管用房。试验室除了配备加热设备、测温仪器、计量衡器、计时仪表等一些通用的仪具外，还应按施工过程中须进行的试验和检查测试项目配备相应的专用试验仪具。

（五）编制施工预算

施工预算是在施工图预算的基础上，根据施工图纸、施工组织设计或施工方案、施工定额等文件进行编制的，是企业内部控制各项成本支出、考核用工、签发施工任务单、限额领料和进行经济核算的依据。

三、物资准备

物资准备的主要内容包括下列内容：

一是路基、路面工程所需的砂石料、石灰、水泥、工业废渣、沥青等材料的准备。

二是沿线结构物所需的钢材、木材、砂石料和水泥等材料的准备。

三是施工工艺设备的准备。

四是其他各种小型生产工具、小型配件等的准备。

物资准备是一项非常重要的工作，应与施工组织设计及作业计划进行相应内容的准备，不要因为准备不足而造成工程窝工，也不要因为准备过剩而造成材料的积压、变质和机械台班的闲置。

四、施工管理组织的组建

施工企业通过投标方式获得工程施工任务后，应根据签订的施工合同要求，迅速组建符合本工程实际的施工管理机构，组织施工队伍进场施工。施工管理的组织机构是指为了实现项目的总目标，对所需一切资源进行合理配置而建立以项目经理为项目实施的最高领导者、组织者和责任者，以分工协作、责权利一致、命令统一、精干高效等为原则的一次性临时组织机构。

（一）施工管理组织机构的典型

工程项目施工管理组织机构有多种类型，分别适应于规模、地域、工艺技术等各不相同的工程项目。根据我国具体情况及以往的公路施工经验，比较合理的组织机构类型有以下三种：

1. 部门控制式

它是在不打乱企业现行建制的条件下，把项目委托给企业内部某一工程处或施工队，由其组织项目实施的项目管理组织形式。一般适用于小型简单项目和单一专业型项目，无须涉及众多部门，职责明确，职能专一，关系简单，便于协调。但这种形式不适应大型复杂项目或涉及多个部门的项目，局限性较大。

2. 混合工程队式

这是完全按照对象原则组建的项目管理组织机构，适用于大型项目和工期要求紧迫的项目，或者要求多工种、多部门密切配合的项目。项目管理组织成员来自公司内不同部门和单位。首先聘任项目经理，从有关部门抽调管理人员组成项目班子，然后抽调队伍归其指挥，建立一个项目工程队，组成新的项目管理经济实体。项目完成后，工程队成员仍回原单位。

混合工程队项目管理组织的优点如下：
①可以培养一专多能人才；
②减少矛盾，能及时解决问题；
③权力集中，决策及时，工作效率高；
④减少管理界面和行政干预，便于协调。

3. 矩阵式

这是现代大型项目管理中应用最为广泛的新型组织形式，我国已有为数不少的施工企业开始采用这种形式。当企业同时承担多个项目，对专业技术和管理人才需求量很大，而施工企业人才资源又有一定限度，且大型复杂项目又要求多部门、多工种配合实施，对人工利用率要求很高时最适用。在矩阵组织中，永久性专业职能部门和一次性项目管理组织同时交互起作用。

矩阵式管理组织的具体做法是公司设置综合性的具有弹性的管理科室，科室负责人根据不同项目的需要和忙闲程度，将本部门的专业人员在项目之间进行增减调配；项目经理部则视项目管理需要，在项目经理之下设经营经理、施工经理、生活经理等，这样便使得项目管理中既有职能系统的竖向联系，又有以项目为中心的横向联系。纵向上表现出施工生产上的决断，横向上表现出现场动作协调、平衡。对劳务作业力量实行切块分包任务，根据项目网络计划的需要确定进场时间，完成任务后自行撤离现场，从而为项目提供了一支灵活机动、弹性多变的施工力量。一个项目由多个工程队承担，一个工程队同时用于多个项目，利用各项目施工高潮的错落起伏统筹安排、穿插交错、多点使用，使人力、财力、物力得到最大限度的利用。

矩阵式项目组织形式的好处是有利于充分利用人力，特别是技术力量，用较少的人力完成较多的项目；同时，项目中各项专业管理可以由精通专业、经验丰富的人员担任，有利于各项专业管理的加强。其局限性是纵、横双重领导的体制容易发生纵、横向需求矛盾而使当事人无所适从，管理要求高，协调难度大，而且矩阵式项目组织一般不形成经济实体，容易发生责、权、利脱节现象，不能很好地起到约束项目组织成员行为的作用，对管理人员责任心的要求较高。

（二）项目管理组织类型的选择

选择什么样的项目管理组织形式，要根据企业和项目的具体条件因地制宜地考虑，一般说来，应考虑的因素有企业人员素质、管理基础的情况以及项目本身的规模、技术复杂程度、专业多寡和项目经理的素质与能力。

五、建立健全各项管理制度

为了保证工程按设计要求的质量、计划规定的进度和低于合同总价的成本，安全、顺利地完成施工任务，应针对施工管理工作复杂、困难的特点，建立一整套完善的施工管理制度，采用科学的管理方法，进行切实有效的工作，才能达到预期的目的。

（一）施工计划管理制度

施工计划管理是施工管理工作的中心环节，一切其他管理工作都要围绕计划管理来开展。计划管理包括编制计划、实施计划、检查和调整计划等环节。由于公路施工受自然条件的影响大，其他客观情况的变化也难以准确预测，这就要求施工计划必须经过充分调查研究后制订，同时在执行过程中应随时检查，发现问题及时采取措施解决，必要时还应对计划进行调整修改，使之符合新的客观情况，保证计划的实现。

（二）工程技术管理制度

施工技术管理是对施工技术进行一系列组织、指挥、调节和控制等活动的总称。其主要内容包括：施工工艺管理、工程质量管理、施工技术措施计划、技术革新和技术改造、安全生产技术措施、技术文件管理等。要搞好各项技术管理工作，关键是建立并严格执行各种技术管理制度。有了健全的技术管理制度，又能认真执行，才能很好地发挥技术管理作用，圆满地完成技术管理的任务。

1. 技术责任制

技术责任制就是在一个施工单位的技术工作系统，对各级技术人员规定明确的职责范围，使其各负其责、各司其职，把整个施工技术活动和谐地、有节奏地组织起来。它对调动各级技术人员的积极性和创造性，促进施工技术的发展和保证工程质量，都有极其重要的作用。

根据施工单位的组织机构情况，制定分级技术责任制。上级技术负责人应履行向下级技术负责人进行技术交底和技术指导的职责，监督下级按施工图纸、施工规范和操作规程进行施工，处理下级请示的技术问题等责任。下级技术负责人应该接受上级技术负责人的技术指导和监督，执行自己所在岗位上的任务。各级技术负责人应负的责任，应根据组织机构和施工任务情况，明确规定在技术责任制中。

2. 技术交底制度

工程开工前，为了使参与施工的人员及工人了解所承担的工程任务的技术特点、施工方法、施工程序、质量标准、安全措施等，必须实施技术交底制度，认真做好交底工作。

技术交底不仅要针对技术干部，而且要把它交给所有从事施工操作的工人，从而提高他们自觉研究技术问题的积极性和主动性，为更好地完成施工任务和提高技术水平创造条件。

技术交底按技术责任制的分工，分级进行。施工单位的技术总负责人，应将公路施工质量标准、施工方法、施工程序、进度要求、安全措施，各分部工程施工组织的分工和配合，主要施工机具的安排和调配等，连同整个工程的施工计划，向所属工程队长及全体技术人员进行交底。

工程队技术负责人应将本队承担的工程项目，向所属班组长及全体技术人员进行交底。班级技术负责人,应将本班组承担工程项目的施工方法、劳动组合、机具配备等,对全组工人进行交底。班组技术交底是技术交底制度最重要的环节,班组工人应在接受交底后进行讨论,目的是要使参加施工实际操作的所有人员,充分了解自己施工中应掌握的正确方法和应尽的具体责任,并对改进施工劳动组织和操作方法,以及提高工程质量和保证施工安全等方面提出合理化建议。因为工人是对施工操作最熟悉、经验最丰富的实践者,他们的意见和建议往往能切中要害,能提出和解决工程师考虑不到的问题,对完善施工计划能起到良好的促进作用。分级交底时,都应做好记录,作为检查施工技术执行情况和检查技术责任制的一项依据。

3. 工程成本管理制度

工程成本管理是施工企业为降低工程成本而进行的各项管理工作的总称。

4. 施工安全管理责任制

加强施工安全、劳动保护对公路工程的质量、成本和工期有着重要的意义,也是企业管理的一项基本原则。其基本任务是:正确贯彻执行"安全为了生产,生产必须安全"和"预防为主"的方针。建立安全施工责任制,加强安全检查,开展安全教育,在保证安全施工的条件下,创优质工程。

(1)施工安全责任制

施工工地应设安全工程师,班组应设不脱产或半脱产的安全检查员。各安全检查员应该负责本班组或单位工程施工的安全工作,督促和帮助操作人员遵守操作规程和各项安全施工制度。组织班前和班后的安全检查,一旦发现事故苗头应及时向工程管理人员报告,采取预防措施,防止事故的发生。

(2)安全教育、检查及事故处理

安全教育是提高施工人员安全施工知识和预防作业时发生事故的重要手段。安全检查是预防各种事故发生的重要措施。发生伤亡事故时应立即采取紧急措施,组织力量抢救,并将情况向有关方面报告。

(3)加强安全技术工作

安全施工是一项技术性很强的工作,应根据公路工程作业的各种特点来制定安全规范、作业章程。

六、施工的现场准备

现场准备的主要内容包括下列四点:

①恢复定线测量。包括公路中线、边桩的恢复测量,桥梁、涵洞的定位测量等。

②建造临时设施。包括工地行政办公用房、宿舍、文化福利用房及作业棚、仓库等。

③进行"三通一平"。包括临时交通便道、便桥，施工、生活及消防用水、用电，场地平整等工作。

④设置安全设施。包括仓库的消防措施、用电安全设施、爆破作业的安全设施以及消防车道的设置等。

第二节　施工计划管理

一、施工计划的管理

公路施工企业的计划管理的内容是安排施工进度、编制施工计划，管理下属施工单位的年度计划和施工班组的作业计划。计划管理是通过计划来组织和调节企业生产、技术和经营活动的一项管理制度，有长远计划、年度计划和生产作业计划。公路施工的计划管理主要是生产作业计划的管理。公路生产作业计划即施工计划，又分为年度计划、季度计划、月份计划和旬施工任务单。

（一）施工计划的种类和指标体系

1. 施工计划的种类

按照不同的施工对象、计划用途和要求，有不同类型的计划。

①工程项目总体计划。它是针对施工企业所承担的工程项目而编制的计划，是施工组织设计的重要组成部分，是施工总体方案在时间序列上的反映，可用以合理确定各单位工程施工的先后顺序、施工期限、开工和竣工日期，以及各单位工程之间搭接关系和搭接时间，综合平衡各施工阶段的工作量、不同时期的资源量以及投资分配。它是工程从开工一直到竣工为止，各个主要环节的进度安排，起着控制构成工程总体的各个单位工程或各个施工阶段工期的作用。项目总体施工计划的内容有：建筑安装工程计划、劳动工资计划、材料供应计划、技术组织措施计划、降低成本计划、财务计划及辅助生产计划等。

②单位工程施工进度计划。是指一个公路工程项目中具体某一单位工程，如一座桥梁、隧道工程的进度计划。它的任务是确定单位工程中各工序的施工内容、作业顺序和时间，并使工序任务及其要求的作业时间，与完成任务所需的主要资源联系起来，以指导和控制单位工程在规定时间内有条不紊地完成。单位工程进度必须服从工程的总进度计划。

③年度、季度、月份施工计划。在总进度计划和单位工程进度计划编制完成后，可根

据需要编制年度、季度、月份和旬施工进度计划。年度、季度、月份和旬施工进度计划要以总进度计划和单位工程进度计划为依据，即年度、季度、月份和旬施工进度计划受总进度计划和单位工程进度计划的控制。年度施工计划应反映本年度施工的各单位工程的形象进度控制指标，同时也应突出组织顺序上的关系，即各工程项目的施工工序。

季度、月份施工计划在于确定季、月、旬施工任务，以及它们包括哪些施工内容、预计要完成的什么部位、工作量和工程量多少、由谁完成、项目间如何配合等。这些内容确定后可以具体地指导施工作业，即相关的施工队伍如何实现流水作业，以及施工顺序如何等。

2. 技术经济指标

在施工计划中，对完成的任务、耗费的资源，以及相关因素应有定性、定量的明确要求，即期望通过努力达到的目标和水平，称为经济技术指标。它是生产经营活动的规模、技术水平和经济效果等多方面管理目标的具体体现，它在企业生产经营活动过程中发挥着约束、监督和促进的作用。一般而言，它用各自独立而又相互联系的一系列具体量化指标来综合反映企业的生产经营状况，这就构成了企业的计划指标体系。经济指标按其性质可分为以下两类：

（1）数量指标

它是计划期内企业生产经营应达到的数量目标，通常用绝对值表示，例如工程项目及数量、建筑安装工作量、劳动工资总额、固定资产总额、流动资金总量、物资设备数量、降低成本额等指标。

（2）质量指标

它是计划期内企业生产经营应达到的效率指标，通常用相对值表示。

（二）施工计划的重要性与任务

公路工程施工，特别是高速公路和一级公路的施工，是一项复杂的工程，在施工过程中常常会遇到各种问题。施工企业承接和完成公路工程施工项目，必须努力满足以下两个方面的要求，才能得以生存和发展。一是企业本身，为了适应社会主义市场经济条件下市场竞争的要求，应不断提高企业的经营素质和竞争能力；二是满足建设方对工程项目提出的有关工期、质量和费用等要求。施工计划是施工管理的主要内容。为了充分发挥施工计划的作用，每一具体计划都应认真制订、实施和调整。

施工企业计划管理的任务是：从企业经营管理的基本目标出发，根据施工承包合同中的有关具体要求，结合施工企业具体条件，应用系统设计知识和工程管理经验，经过科学的预测，反复进行综合平衡，采用最合理、最有效的措施，充分挖掘内部人力、财力、物力的潜力，制定和贯彻各种先进合理的技术经济指标，组织有节奏的、均衡的施工，并在施工过程中依据实际的反馈信息，进行及时的调整和控制，以保证施工企业高速、优质、低耗地完成施工任务。

（三）计划管理的特点和基本方针

1. 计划管理的特点

在接到工程项目之后，施工之前，要有针对性地制订一个计划，用以指导、调整和检验具体的行动，从而保证施工任务高效完成。由于公路工程施工管理的特殊性，计划管理呈现以下两方面特点：

（1）计划的多变性

当施工单位按承包合同组织进场施工后，由于施工条件的变化、设计的修改、工程变更以及业主、监理对工程工期的要求等不可预见因素较多，这就造成施工企业的施工计划的多变性。因此，编制施工计划除了要积极可靠和留有余地外，还要迅速收集和分析变化的信息，及时调整计划，以便适应随时变化的新情况。

（2）计划的可检验性

施工完成后，只有达到了工程计划所规定的目标，计划工作才是有效的。工程管理目标包括时间、费用、质量、信誉4个方面，施工企业往往以时间和费用作为主要控制对象，而时间和费用计划包括许多作业和费用估算，是可定量评价和权衡的。因此，所编制的计划应具有可操作性和易检验性，这样才能发挥计划的指导和控制作用。即把每一项具体施工生产和经营活动与最终目标紧密联系起来，通过了解和分析施工全过程中的每一步骤、每一环节实施情况，就可推断整个工程最终的完成结果。

2. 计划管理的基本方针

计划管理的主体是人，计划管理的过程就是管理者意志的体现，因此，计划管理的效果在很大程度上取决于管理活动参与者的思想认识。为此，施工企业计划管理必须遵循以下基本方针：

①计划管理的科学性。
②计划管理的严肃性。

（四）施工计划的编制原则、程序和方法

计划的编制原则、程序和方法是编制者必须注重的3个方面。编制原则贯穿编制程序

和方法中，它是编制计划的指导思想；而编制程序就是编制步骤在一般情况下应遵守的先后顺序。在编制过程中，积极应用合理有效的编制方法和技巧，可以优质、高效、快速地完成计划编制工作，制订可靠、实用的能有效指导施工活动的施工计划。

1. 施工计划的编制原则

施工计划的编制，通常应紧密围绕 4 个方面的问题来进行：计划应达到的目标、计划由谁实施、计划在什么时候执行、采用什么方法进行。为了使编制的计划高效、实用，一般应遵循以下原则：

①施工计划要以工程承包合同为依据，以提高经营效益和社会信誉为目标，提出相应的指标作为计划执行的检验标准。

②施工计划要与各项工程的施工组织设计中的有关内容相衔接，如施工顺序、进度安排、工期要求等。

③安排施工计划应合理，努力实现施工的连续性和均衡性。施工准备工作的内容应列入计划，以便得到监督和保证；施工顺序、计划持续时间和间隔时间的确定要符合客观生产规律的要求。

④坚持实事求是的态度，在认真调查研究，摸清内部、外部情况的基础上，通过不断调整，搞好综合平衡。综合平衡是计划管理的核心，也是计划工作的基本方法。

⑤为了在施工计划执行过程中，对工程进度进行适时检查、调整、优化与控制，应使用电子计算机，采用网络计划技术来编制实施性的作业计划。

2. 计划的编制步骤

多数情况下，较为完善的计划分为以下 5 个步骤：

①确定目标主要包括应完成施工项目的名称及其工程量、施工进度、竣工日期限、承包费用、质量要求等。

②计划准备就是为编制计划摸清情况和准备资料。

③计划草案各项计划往往存在多个可行方案，有的是表面化的，有的是非表面化的。为了使计划有可比性和选择性，应由计划专职人员根据承包合同，实施性施工组分别编制出具有一定可行性的计划草案，交部门领导或单位领导，以供择优。

④计划评价是对各个计划草案分别加以分析和评价，指出各个草案的优点、缺点，现实性和相关经济指标。

⑤计划定案是在各计划草案经过分析评价之后，即可通过决策，最后选择和确定一个方案，作为正式计划，付诸实施。

二、施工进度计划与控制

(一)进度计划制订

公路工程施工企业根据项目自身的特点，为保证施工计划的准确性，首先按照招标文件要求、施工图设计文件等，复合计算公路工程项目的分部分项工程量。公路工程施工企业必须做好如下工作：

划分施工项目——分解施工项目后列出施工工序。

按施工图和相关标准计算工程数量，按分项工程、分部计算项目的实际工程量。

按交通行业现行的预算定额和劳动定额计算劳动量。

确定施工顺序和每项工序的开竣工时间和相互搭接关系主要考虑以下六方面：

一是某一时期内开工的分项工程较多，就会使人力、物力、资金、设备过于集中在这一时期内。尽量做到使主要工程材料、施工设备、劳动力、资金的供应在整个项目工期范围内均衡供应。

二是路基排水施工对雨季路基施工非常重要，所以要尽量提前建设可供使用的永久性工程以节省措施费用。

三是急需和关键工程的施工要优先开工，确保工程项目按合同工期完工。对于施工困难较多的桥梁、涵洞等工程，由于施工时间长、技术复杂，应安排提前开工，才能保证合同工期顺利实现。

四是施工顺序必须与主要系统投入使用的先后次序相一致，配套的附属工程也要及时完工，确保已完工程在投入使用时发挥最大的效用。

五是冬、雨季节施工时，为了不影响工程质量，确保合同工期顺利实现，必须制订冬、雨季施工方案。

六是注意主要工序和主要施工机械的连续施工。以上工作完成以后，就可以绘制进度计划网络图。

(二)项目进度控制

公路工程项目的施工是一个动态的实施过程，进度控制也应该是一个动态的管理过程。公路工程项目进度控制，是指在公路工程项目在执行项目进度计划的施工过程中，经常检查实际进度情况，并将其和计划进度之间做比较，若出现偏差，便于分析产生的原因和对总工期的影响程度，找到必要的调整措施，修改原施工计划，不断地如此循环反复，直至所施工的工程竣工验收，确保实现公路工程项目的既定目标，从而使在不增加实际费用支出的情况下，确保公路工程施工质量时，适当缩短工期。为了保证项目的实施进度，项目进度控制检查系统是非常必要的，从公司的总经理到项目经理再到作业班组都需要设置专门的人员或者职能部门来负责汇报和检查，统计和整理实际施工过程中的进度资料，并将其与计划进度进行分析、比较，如存在偏差，分析原因并做出及时的调整。由不同级别的人员负不同的施工进度控制责任，项目部全体人员分工协作，组成保证公路工程项目进度计划的组织机构。

信息反馈是项目进度控制最主要环节，在现场施工时，将信息反馈到基层的施工人员手中，其在职责范围内进行加工、整理，再将信息逐层反馈到项目部进度计划控制部门，由进度计划控制部门统计和整理各方面的信息，正确及时做出决策，对计划进行调整，让其符合预期的工期目标。假若没有进行信息反馈，那么项目的计划控制调整将不能进行，所以说项目施工进度控制其实就是信息反馈及调整的过程。

（三）公路工程施工资源计划与平衡

1. 资源计划的特殊性

①公路工程项目实施过程中，所需资源的种类多、需求量大。

②资源供应过程的复杂性。

③资源对公路工程项目成本影响大。

④资源供应受外界影响大。

⑤当多项目同时使用相同的资源时，必须协调每个项目的资源投入量、投入时间、投入品种等问题，这时资源的均衡使用计划就显得非常重要。

⑥资源计划对实施工程影响大。

2. 资源计划

根据每一项公路工程的施工特点、工程数量及拆动迁情况，公路工程项目中标单位的计划工程师与采购工程师密切配合，必须制订各种资源的资源需求计划。以保证公路工程施工项目总体施工进度、工程质量、安全与费用成本等各项管理工作平稳有序进行，节约材料和能源消耗，提高工作效率，降低工程成本，以确保项目管理目标的实现。

3. 控制措施

资源计划的调整是和进度计划的调整密不可分的，公路改扩建工程都有当地百姓要求尽快恢复通行的需求，所以，公路改扩建工程的工期一般是不能变化的，这就要求施工企业要有充分的思想准备，做好拆、排迁工作滞后而导致的后期赶工现象的出现。首先，应按照项目进度的总体要求，利用网络技术优化施工进度计划，尽量使工程材料减少现场存放时间，随进场随使用，增加作业效率，杜绝浪费。其次，合理安排资金使用，避免工程赶工期时，沥青、碎石、水泥类材料短缺，造成停工待料现象，致使作业效率低下，不能完成计划进度。必要时采取预付定金的方式，将所需材料确定下来，签订随时优先供货合同。最后，所有的作业工作都得由人和机械来完成，与专业劳务分包单位和机械租赁单位签订劳动力资源和机械使用合同，这也是为抢工期做准备。增加作业面，将单一流水施工，变为多个平行作业面的流水施工，所以同一时间内资源的消耗量都是原消耗量的两倍或三倍。

（四）公路工程施工费用计划与控制

在当前市场经济体制环境下，建筑市场格局已发生根本性改变，施工项目少，施工企业多，大多数项目的利润已经很低甚至是零利润中标。随着科技的不断进步，施工质量要求越来越高，材料费用日益降低，但流通性等辅助成本的比重却不断攀升。

1. 费用计划

当前，公路工程项目的利润越来越低，某些项目甚至是零利润，即使这样，施工项目的竞争也非常激烈，要保证施工企业获取最佳利润的同时保证工程质量，增加施工人员的工资收入，必须制定项目费用计划和费用计划的控制措施，这也是解决公路工程费用问题最有效方法。对公路施工所消耗的工、料、机以及资金等资源，一定要制订科学合理的费用计划，并及时检查、调整费用计划，使各项生产费用的实际支出控制在费用计划的范围之内。

2. 公路工程项目成本费用计划

在公路工程项目中标以后开工之前，需要编制公路工程项目费用计划。该计划是对施工过程进行科学管理与目标考核的依据。制订工程的费用计划，要考察供应商的资质与能力、产品数量与质量、价格等因素，择优选取合格供应商，确定优选后的施工方案、施工方法，通过科学的分析论证做出完整的符合每项公路工程特点的费用计划。费用计划由管理费用计划和成本计划组成。

（1）公路工程项目管理费用计划

项目管理费用包括项目部管理人员的办公、劳保、差旅、招待等费用，还包括项目部全体人员工资、固定资产使用费等项目。编制项目费用计划时既要实事求是，又要尽可能地节约。编制切实可行的费用计划必须从项目的施工特点和企业的实际情况出发，充分利用企业自有资源，实施费用控制以降低费用开支。

（2）公路工程项目成本计划

编制公路工程成本计划是项目部为完成所承接的公路工程项目实体需要的成本计划，它由直接工程费、间接费、施工技术装备费、暂定金等构成。工、料、机费用控制是公路工程成本控制的关键。工程有大有小，可是不论大小都是由材料构成的，这部分成本占公路工程总费用的60%～75%，所以，控制好工程成本最重要的是控制好材料采购质量和成本，项目部要组织专业人员制定详细的材料数量、质量、价格控制说明书，并且充分调查市场情况与合格的材料供应商进行谈判，采购质优价廉的工程材料。机械费占公路工程总成本的20%左右，要尽量利用自有机械、车辆等进行施工。采取外包部分工程时，也要考虑使用自有机械，以免发生自有机械闲置现象，造成浪费。

3. 公路工程的费用计划控制方法

在公路工程项目施工过程中，选取最优的技术方案，核算实际发生的成本及费用与预先制订的费用计划进行比较分析。比较的内容有直接费的比较和间接费的比较等内容。直接费控制包括工、料、机3个方面。

（1）控制人工费的措施

①尽可能地降低非生产人员的数量。

②加强技术教育和培训工作，不断提高队伍技能，使劳动力之间的配合默契，优化劳动组合，熟练操作机械，人机配合默契，杜绝窝工现象。

③避免工时浪费，合理组织生产，提高工作时间的工作效率，减少工作中的非生产时间，形成流水施工。

④提高临时用工的劳动生产率，加强对临时用工的管理。

（2）控制材料费的措施

加强在材料采购、收发、运输、保管环节的管理，科学制订符合实际情况的材料使用计划，减少各个环节的损耗。制定材料进场验收操作规程和限额领料单制度，杜绝材料浪费现象的发生；合理堆置工程物资，避免或减少二次搬运，造成材料的浪费增加费用；制定并严格执行超料浪费者惩罚和节约材料者奖励的措施，以保证项目部全体人员合理使用材料，杜绝浪费。在控制材料费时应主要控制以下4个方面的内容。

①控制材料的数量。因为材料成本占整个公路工程施工项目成本的60%～75%，所以，材料费的控制是公路工程成本控制中最重要的内容，公路工程施工项目需要使用大量的钢材、水泥、沙砾、碎石等材料，必须贯彻执行限额发料制度。

②控制材料的单价。在公路工程施工项目的成本控制中，另一个重要内容是降低材料单价。必须组织项目部技术、采购、财务等人员到材料供应地进行充分的调查、谈判，货

比三家，了解材料的真正单价，争取以最优惠的价格采购性价比高的工程材料。

③制定施工现场的材料领用操作指南。公路工程施工项目一般都是远离居民聚集区的野外施工，材料管理工作不到位，材料领用制订不落实，很容易造成公路工程材料的浪费。项目部材料管理人员依据材料领用操作指南，对一切工程材料的收、发、领、退按规定执行。工程材料的进场、领取、余料退库、不合格材料分别填写"材料入库单""限额领用单""退料单""残次料交库单"等凭证，项目部材料管理人员要定期盘点库存材料资产，保证账物相符。

④要广泛考察料源，争取采购到质优价廉的工程材料。应按照少量库存的原则，安排材料进场，随用随进，以节约资金，降低工程成本。还要及时掌握最新材料价格，密切关注市场供求信息，提前储备价格较低或在一定时间内供求紧张的工程材料。

（3）控制机械费的措施要最大限度地使工程机械的效能发挥到极致

根据施工进度计划以及现场实际调整后工期、分部分项工程开工的具体时间合理安排机械设备种类、数量需求后相继进场，避免施工设备闲置。科学合理组合机械设备，机械设备的数量要满足数量要求，且按照留有余地的原则进行配备，机械设备的选取以小型代大型，以国产代替进口时一定要在保证工程质量的前提下进行。工作间歇搞好机械设备的维修保养工作，提高机械的完好率、利用率，做到连续不间断地流水施工，这样才能加快施工进度、提高工作效率、降低机械使用费。

（五）公路工程质量计划与控制

在项目管理中，由于公路工程项目的特点为露天作业，施工路线长，施工作业点多，施工具有不可重复性，所以，施工质量一次性合格难度大。因此，要做好质量的事前控制和过程控制，事前控制的主要方法是做好质量策划与质量计划工作。

1. 制订公路工程施工质量计划

①施工项目部建立后工程开工前，根据每个公路工程项目的施工特点及施工企业的人员素质及管理方式，组织项目部的全体技术人员认真学习合同文件、技术规范、部门规章，制订详细的公路工程项目质量计划，明确每个施工人员的岗位职责、质量责任，以保证公路工程的施工质量。

②工程开工前，必须组织项目部全体成员参加岗前教育培训，全体施工人员经严格考核，持证上岗。

③项目部组建后工程开工前，必须组织相关人员认真进行施工前的准备工作，内容包括：原材料检查复试、机械设备性能检测、施工工艺方案检查、检测方法论证、质量通病

预防措施。制定严格的质量控制程序，确保工程质量目标的实现。为便于直观了解质量计划，绘制质量保证体系框架图和质量检验流程图。

2. 质量控制

公路工程的质量控制可以绘制因果关系图进行分析，通过工、料、机、环、法5个方面与质量有关的因素分别进行不同层次的分析，找出质量特性与质量因素之间的关系，再将这些众多的原因、因素进行分析、分解，确定影响公路工程质量的主要原因及其他原因，最终明确问题与原因之间的关系。

（1）在材料检查中所采取的措施

公路工程的质量，与使用的工程材料有直接的联系。工程材料性能的优劣，直接决定工程的质量优劣和寿命长短。施工原材料的质量是保证施工质量的第一道关口。公路工程包括道路工程、桥梁工程及其附属构造物工程，它们常年暴露在大气环境下不仅要承受较大的荷载，还要经受各种复杂环境变化的影响，因此，应对公路工程施工所需原材料质量进行严格控制管理。

（2）在施工过程中所采取的措施

在市场经济条件下，公路工程的质量控制当然要与经济奖罚有关，经济奖罚不是管理的真正目的，它只是作为一种管理的手段，不能本末倒置。进行质量控制的实际效果表现在施工质量管理水平的提升和公路工程各项指标优良的实际情况上。

（六）公路工程施工安全计划与控制

1. 公路工程施工的特点

安全生产是每一个工程在施工中都必须做到的，所以，公路工程项目的施工更不能例外。公路工程项目施工的安全管理是施工项目管理的重要组成部分，但是与其他工程相比，公路工程具有一定的特殊性，主要表现在以下五方面：

①公路工程几乎全部都是在野外开展的，因此，其施工受天气气象的影响比较大，遇到极端天气，很容易发生安全事故。

②公路工程有的是高空作业，有的则是地下作业，因此，其施工的环境是多变的，且有些比较特殊，所以在施工时要多加注意。

③公路工程项目的完成需要多工种的相互配合，但是在实际的施工中，要想做好这些工种之间的协调是比较困难的。

④公路工程在施工的过程中需要用到的机械设备是比较多也比较重大的，所以对于这些设备的移动和使用也是一项极不容易的事情。

⑤公路工程建设的过程中需要用到的材料是多种多样的，并且材料的型号也不尽相同。正是由于公路工程项目施工的特殊性、单一性，所以没有相同的经验可以照搬，一定要充分考虑到施工中的安全隐患，做好施工的安全计划，防止安全事故的发生。

2. 公路工程施工安全控制措施

（1）严格落实安全生产责任制

首先，公路工程施工单位应建立起有效的、由项目经理任组长的安全生产组织机构，其主要职责是负责全面的施工安全管理工作，签发由项目总工编制的施工安全技术保障措施文件，严格落实安全生产监督和检查职责，调查、处理安全事故等工作；其次，项目部应配备专职安全员，负责对安全生产进行现场巡查监督，并指出安全生产隐患，提出预防安全事故发生的措施；再次，必须定期召开安全生产会议，强调"安全第一，预防为主"，要求项目部各级管理人员必须做到"管生产必须管安全"和"谁主管谁负责"；最后，施工作业的进行要服从安全生产的需要，严肃考核，严格管理，落实安全生产责任制。

（2）施工企业要建立健全安全生产管理规章制度并认真执行

一是公路工程施工企业要制定相关的安全制度，并让制度约束施工人员的行为。二是在制定安全制度时对危险源要考虑全面，为了保证安全制订落到实处，在制定惩罚条款时，不仅要惩罚一般工人，也要惩罚领导。三是施工企业会同相关部门举行专门的培训班，对施工人员进行公路工程相关安全知识的培训，并掌握应急方案及事故发生后的处理措施和程序。四是公路工程开工之前，由项目安全负责人组织项目部全体人员，按照项目的特点设想将会出现的各种危险事故，然后根据事故发生的原因及后果提出相关的预防措施。五是工程施工过程中，要有专门的人员在现场进行监督，及时发现问题，并及时进行处理。六是对于进行危险性较大的专项作业，要严格进行岗前培训，由专职人员进行施工，不具备上岗资格的施工人员，严禁上岗作业。鼓励施工人员培养安全意识，做好安全技术交底工作，对于特别危险的操作，在没有进行安全技术交底的前提下，可以拒绝执行。

（3）施工企业要从思想上提高安全意识

公路工程施工事故的防范要从预防做起。只有做好预防工作，做好充足的准备，才能防患于未然。一些安全事故的发生都是因为施工人员自身心存侥幸。施工人员安全意识淡薄，做事不认真。作为工程第一负责人的项目经理，一定要有正确的安全意识，做到警钟长鸣。

在安排施工作业时，要把安全生产放在绝对重要的位置，为施工人员创造安全的施工环境，制定预防事故发生的安全防范措施。要体现以人为本的安全理念，对施工作业人员进行安全教育培训，使工人牢固树立"我要安全""我想安全""我必须安全"的理念。尤其在雷击、地震、泥石流等灾害发生时，要教会施工人员进行自救和他救，尽量减少伤害的发生。

（4）检查分包单位的安全资质条件

首先，检查工程分包单位的安全资质条件是否符合所分包工程的要求，审查分包单位是否有针对所分包工程的安全技术措施和设备，还要审查分包单位是否存在确保施工安全的专门从事安全管理工作的专职安全人员；其次，明确总包方和分包方的权利义务，分包方的安全管理必须服从总包方安全管理的规定，分包方向总包方负责，发生安全事故时总包方承担连带责任。

（5）必须做好公路工程施工中的设备管理工作

项目管理机构的相关人员要做好机械设备的组织调配工作，严格按照机械的操作规程精心操作，专业机械的操作手必须进行岗前培训，持证上岗。施工员要正确地指挥操作手进行工程施工，对于违反操作规程和可能引起危险事故的指挥，操作手有权拒绝执行。做好施工机械设备的维修保养工作，随时观察机械设备的动态，及时排除各种安全隐患，确保施工顺利进行。

第三节　公路工程施工现场安全管理

一、公路工程施工现场安全技术措施

（一）施工测量

一是密林草丛间进行施工测量时，应遵守护林防火规定，严禁烟火，并须预防有害动植物伤人。

二是测量钉桩要注意周围行人的安全，不得对面使锤。钢钎和其他工具不得随意抛掷。

三是测量人员在高压线附近工作时，必须保持足够的安全距离。遇雷雨时不得在高压线、大树下停留。

四是在陡坡及危险地段测量时应系安全带，脚穿软底轻便鞋。在桥墩上测量时应有上下桥墩及防止人体坠落的安全措施。

五是在公路、街道、交通繁忙的道路上测量时，必须有专人警戒，防止交通事故。

六是水文测量人员应穿救生衣。在陡峻的河岸进行观测时，应有简易便道和防护措施。在通航河流上，测量船应有信号设备。在江中抛锚时应按港航监督部门的规定设置信号并有专人负责瞭望。夜间进行水文测量时，必须备有足够的照明设备。

七是冰上测量时应向当地有关部门了解冰封情况，确认无危险后，方可作业。遇有封冰不稳定的河段及春季冰融期间，不得在冰上进行测量。

（二）施工机械

一是操作人员在工作中不得擅离岗位，不得操作与操作证不符合的机械，不得将机械设备交给无本机种操作证的人员操作。

二是操作人员必须按照本机说明书规定，严格执行工作前的检查制度和工作中注意观察制度及工作后的检查保养制度。

工作前应检查：工作场地周围有无妨碍工作的障碍物。油、水、电及其他保证机械设备正常运转的条件是否完备。安全、操作系统是否灵活可靠。指示仪表、指示灯显示是否正常可靠。油温、水温是否达到正常使用温度。

工作中应观察：指示灯和仪表、工作和操作机构有无异常。工作场地有无异常变化。

工作后应进行检查保养：工作系统有无过热，松动或其他故障。参照例行保养规定进行例行保养。做好下一班的准备工作。填写好机械操作履历表。

三是驾驶室或操作室内应保持整洁，严禁存放易燃、易爆物品，严禁酒后操作机械，严禁机械带故障运转或超负荷运转。

四是机械设备在施工现场停放时，应选择安全的停放地点，关闭好驾驶室，要拉上驻车制动闸。坡道上停车时，要用三角木或石块抵住车轮。夜间机械设备应有专人看管。

五是用手柄启动的机械应注意手柄倒转伤人，向机械内加油时附近应严禁烟火。

六是柴、汽油机的正常工作温度应保持在 $60 \sim 90 \text{℃}$ 之间，温度在 40℃ 以下时不得带负荷工作。

七是对用水冷却的机械，当气温低于 0℃ 时，工作后应及时放水，或采取其他防冻措施，以防冻裂机体。

八是放置电动机的地点必须保持干燥，周围不得堆放杂物和易燃品。启动高压电开关及高压电机时，应戴绝缘手套，穿绝缘胶鞋。

（三）土方施工

一是人工挖掘土方必须遵守的规定。开挖土方的操作人员之间，必须保持足够的安全距离：横向间距不小于 2m，纵向间距不小于 3m。土方开挖必须自上而下顺序放坡进行，严禁采用挖空底脚的操作方法。

二是高陡边坡处施工必须遵守的规定。边坡开挖中如遇地下水涌出，应先排水，后开挖。开挖工作应与装运作业面相互错开，严禁上、下双重作业。弃土下方或有滚石危及范围内的道路，应设警示标志，作业时坡下严禁通行。坡面上的操作人员对松动的土、石块必须及时清除，严禁在危石下方作业、休息和存放机具。

三是滑坡地段的开挖，应从滑坡体两侧向中部自上而下进行，严禁全面拉槽开挖，弃土不得堆在主滑区内。开挖挡墙基槽也应从滑坡体两侧向中部分段跳槽进行，并加强支撑，及时砌筑和回填墙背，施工中应设专人观察，严防塌方。

四是在落石与岩堆地段施工，应先清理危石和设置拦截设施后再行开挖。其开挖面坡度应按设计进行，坡面上松动石块应边挖边清除。

五是岩溶地区施工，应认真处理岩溶水的涌出，以免导致突发性的坍陷。泥沼地段施工，应有必要的防范措施，避免人、机下陷。挖出的废土应堆置在合适的地方，以防汛期造成人为的泥石流。

（四）石方爆破作业

一是爆破工程的施工方案必须报请当地公安机关批准后，方能组织实施。

二是爆破工程的作业人员必须经公安机关或公安机关指定的部门培训，考试合格后，持有县级以上公安机关核发的有效操作证件，才能参加施工。

三是爆破点距村庄太近时，必须采取防震措施：一是分散爆破点，每隔50m左右设一个爆破点，依此循环进行；二是减少装药量；三是采用表层震动爆破法，减轻震动波。

四是爆破点上空有高压走廊横穿路基时，必须采取防护措施；在采取防护措施的同时，在爆破点上部用草袋子、胶管帘和安全网三层覆盖，并用钢钎将网绳固定在石缝中，保证爆破碎石飞掷高度不超过1.0m，以保证高压走廊的安全运行。

五是每一次爆破作业结束后，必须对现场进行认真的清理，防止瞎炮和爆炸物的丢失。

（五）基槽开挖和砌筑

一是基槽开挖深度在1.5~6.0m范围内，应视土质情况放坡，深度超过6m或虽不超过6.0m但条件又不允许放坡时，应编制单项施工方案。

二是基槽边1.0m范围内不准堆放土石和其他材料，基槽周围松动的石块应随时清除干净，防止坠落伤人。

三是构筑物砌筑时，每天砌筑高度不宜大于1.8m，相邻两段砌筑高差不宜大于

1.2m，砌筑作业面应水平增长，保证砌体整体强度。

四是砌体高度超过 1.5m 时，应搭设作业平台，高度超过 2m 时，应搭设垂直运输设施和脚手架，其他技术要求应符合有关规范标准。

五是石料装卸运输过程中，防止超载和遗撒，搬运时要量力而行，防止砸伤；正在砌筑的挡墙土，石料堆放不超过两层；距挡墙边 1.0m 范围内不准堆放石料。

（六）基层施工

一是消解石灰，不得在浸水的同时边投料、边翻拌，人员应远避，以防烫伤。

二是装卸、撒铺及翻动粉状材料时，操作人员应站在上风侧，轻拌轻翻减少粉尘。散装粉状材料宜使用粉料运输车运输，否则车厢上应采用篷布遮盖。装卸尽量避免在大风天气下进行。

三是碎石机作业。进料要均匀，不得过大，严防金属块等混入。出料口上方应有挡板。不得从上方向碎石机口内窥视。若石料卡住进口，应用铁钩翻动，严禁用手搬动。稳定土拌和机作业。应根据不同的拌和材料，选用合适的拌和齿。拌和作业时，应先将转子提起离开地面空转，然后再慢慢下降至拌和深度。在拌和过程中，不能急转弯或原地转向，严禁使用倒挡进行拌和作业。遇到底层有障碍物时，应及时提起转子，进行检查处理。拌和机在行走和作业过程中，必须采用低速并保持匀速。液压油的温度不得超过规定。停车时应拉上制动，将转子置于地面。

四是场拌稳定土机械作业。皮带运输机应尽量降低供料高度，以减轻物料冲击。在停机前必须将料卸尽。拌和机仓壁振动器在作业中铁芯和衔铁不得碰撞，如发生碰撞应立即调整振动体的振幅和工作间隙。仓内不出料时，严禁使用振动器。拌和结束后给料斗、贮料仓中不得有存料。搅拌壁及叶桨的紧固状况应经常检查，如有松动应立即拧紧。

（七）沥青路面施工

一是沥青操作人员均应进行体检。凡患有结膜炎、皮肤病及对沥青过敏反应者，不宜从事沥青作业。

二是从事沥青作业人员，皮肤外露部分均须涂抹防护药膏，工地上应配有医务人员。

三是直接接触到沥青的作业人员，应按要求配戴个人防护用品；工作结束后，应对全身进行沐浴冲洗。

四是人工熬制、喷洒沥青时，应站在上风口作业，防止喷溅到皮肤上；用烙铁修补路面的人员，防止烙铁烫伤以及火源与沥青接触引起火灾。

（八）水泥混凝土路面

一是混凝土拌和及运送。手推车或小型翻斗车装运混凝土，车辆之间应保持一定的安全距离。水泥混凝土运输车运送混凝土拌和物时，应遵守下列规定：

液压泵、液压马达及阀件应紧固，并与管道连接牢固，密封良好。各泵旋转时应无卡阻和异常声响。

当传动系统出现故障，液压油输出中断而导致滚筒停转，一时无法修复时，要利用紧急排出系统快速排出混凝土拌和物。

严禁用手触摸旋转中的搅拌筒和随动轮。

自卸汽车运送混凝土拌和物，不得超载和超速行驶。车停稳后方准顶升车厢卸料。车厢尚未放下时，操作人员不得上车清除残料。

二是人工摊铺。装卸钢模时，必须逐片轻抬轻放，不得随意抛掷。拆下的木模应及时起钉，堆放整齐。

三是机械摊铺。轨模式水泥混凝土摊铺机摊铺时，应遵守下列规定：

布料机与振平机之间应保持 5~8m 的安全距离。

布料机传动钢丝的松紧要适度。不得将刮板置于运行方向垂直的位置，也不得借助整机的惯性冲击料堆。

作业中严禁驾驶员擅自离开驾驶台。无关人员不得在驾驶台上停留或上下摊铺机。在弯道上作业时，要注意防止摊铺机脱轨。

滑模式水泥混凝土摊铺机摊铺时，应遵守下列规定：

停机处应平坦、坚实，并用支垫牢固的木块垫起机体。履带垫离地面后方可进行调整、安装工作。

调整机器高度时，工作踏板及扶梯等处不得站人。作业期间严禁碰撞引导线。

摊铺机应避免紧急转向，防止与预置钢筋、路机缘石等碰撞。

摊铺机不得牵引其他机械。其他机械牵引摊铺机时应用刚性拖杆。

摊铺机停放在通车道路上时，周围必须设置明显的安全标志。夜间应以红灯警示，其能见度不得小于 150m。

真空吸水作业时，严禁操作人员在吸垫上行走或将物件置压在吸垫上。

使用水泥混凝土抹平机时，应确保抹平机的叶片光洁平整，并处于同一水平面，其连接螺栓应紧固不松动，并在无负荷状态下启动。电缆要有专人收放；确保不打结，不砸压，如发现有异常现象应立即停机检查。

四是切缝、养生。切缝机锯缝时，刀片夹板的螺母应紧固，各连接部位和安全防护罩应完好正常。切缝前应先打开冷却水，冷却水中断时应停止切缝。切缝时刀片要缓缓切入，并注意割切深度指示器。当遇有较大切割阻力时，应立即升起刀片检查。停止切缝时应先将刀片提离板面后才可停止运转。

（九）桥涵工程

1. 桩基施工

要做好河道内的防洪抢险工作，河道的主要用途是排涝防洪，特别是季节性河流，必须从计划安排上避开汛期施工。如果因特殊情况部分桩基需要在汛期施工时，要与当地水利部门保持经常性联系。遇有险情，施工设备和人员可及时撤到安全地带。

2. 围堰打桩

围堰设计满足河道最高水位和有利于洪汛期施工，要设专人值班，现场必须备足抢险物资。

3. 墩台施工

高度超过 2m 时，四周应设作业平台和护身栏杆；作业人员上下墩台时，应走专用马道，禁止沿脚手架爬行。

4. 大梁安装

单片安装就位后，禁止人员在上边行走；整跨梁安装完毕，应立即采取临边防护措施，正式桥梁栏杆安装之前，临边防护、设施不得拆除。

5. 桥梁上部结构施工

桥梁上部结构施工时，桥梁两端应设警示标志和围挡，防止非施工车辆和人员进入。

（十）隧道工程

1. 一般规定

进洞前应先稳定好洞口的边坡和仰坡，做好天沟、边沟等排水措施，确保地表水不危及隧道的施工安全。所有进入隧道工地的人员，必须配戴安全防护用品并遵章守纪，听从指挥。遇有不良地质地段施工时，应按照先治水、短开挖、弱爆破、先护顶、强支护、早衬砌的原则稳步进行。

2. 开挖、凿孔及爆破

开挖前应先检查支护、顶板和两帮是否牢固稳定，如有危险应先行排除。钻眼时，应检查风钻（电钻）是否正常，严禁在残眼中继续钻眼。钻孔台车行走时应将钻架和机具都收拢到放置位置，就位时要刹住车轮，放下支柱，防止移动。

3. 支护和衬砌

洞内支护，宜随挖随支护，支护至开挖面的距离一般不得超过 4m，如遇石质破碎、风化严重和土质隧道时，应尽量缩小支护工作面。

衬砌使用的脚手架、工作平台、跳板、梯子等应安装牢固，不得有露头的钉子和凸出的尖角。采用模板台车进行全断面衬砌时，台车距开挖面的距离不得小于 260m，台车下的净室应能保证运输车辆的顺利进行。混凝土浇筑时，必须两侧对称进行。

（十一）　夜间施工

夜间施工时，现场必须有符合操作要求的照明设备。施工驻地要设置路灯。

施工中的小型桥涵两侧及穿越路基的管线等临时工程，应设置围栏，并悬挂红灯警示标志。

大型桥梁攀登扶梯处应设有照明灯具。

夜间作业船只或在通航江河上长期停置的锚船、码头船等应按港航监督部门规定，配置齐全的夜航、停泊标志灯。船只停靠码头应设照明灯。

（十二）　冬期施工

冬期施工应严格执行冬期施工的有关规定，做好保温、防冻等安全防护措施。

冬期施工在江河冰面上通行时，事先应详细调查冰层的厚度及承载能力。冰面结冻不实地段，严禁通行。结冻不实地段、可通行地段都应设明显标志。初冬及春融季节应经常检查冰层变化情况，以确定可否通行。

江河流冰前应制订出防流冰方案，并将停留在冰面上的车辆、船只、机械和物资提前撤至安全地带。

爆破流冰通道时，应在爆破前详细检查冰面后再进行作业。爆破流冰时应穿好救生衣，必要时应备有救护船只。

（十三）　雨期施工

雨期及洪水期施工应根据当地气象预报及施工所在地的具体情况，做好施工期间的防洪排涝工作。

在雨期施工时，施工现场应及时排除积水，人行道的上下坡应挖步梯或铺砂。脚手板、斜道板、跳板上应采取防滑措施。加强对支架、脚手架和土方工程的检查，防止倾倒和坍塌。

雨期施工时，处于洪水可能淹没地带的机械设备、材料等应做好防范措施，施工人员要提前做好安全撤离的准备工作。

长时间在雨期中作业的工程，应根据条件搭设防雨棚。施工中遇有暴风雨应暂停施工。

（十四）高温季节施工

高温季节的施工，应按劳动保护规定做好防暑降温措施。适当调整作息时间，尽量避开高温时间。有条件的宜搭设凉棚、供应冷饮、准备防暑药品等。

二、公路工程项目施工现场保安管理

施工现场保安工作对现场的安全及工程质量、成品保护有重要的意义，必须予以高度重视。施工现场的保安工作应由项目总承包单位负责或委托给施工总承包的单位负责。

施工现场的保安工作十分重要，因此，施工现场必须设立门卫，根据需要设置警卫，负责施工现场安全保卫工作，并采取必要的措施。主要管理人员应在施工现场佩戴证明其身份的标识。严格进行现场人员的进出管理。

施工现场的保卫工作主要应做好以下四个方面：

一是建立完整可行的保卫制度，包括领导分工、管理机构、管理程序和要求、防范措施等。组建一支精干负责、有快速反应能力的警卫人员队伍，并与当地公安机关取得联系，求得支持。当前不少单位组建了经济民警队伍是一种比较好的形式。

二是施工现场应设立围墙、大门和标牌，防止与施工无关人员随意进出现场。围墙、大门、标牌的设立应符合政府主管部门颁发的有关规定。

三是严格门卫管理。管理单位应发给现场施工人员专门的出入证件，凭证件出入现场。大型重要工程根据需要可实行分区管理，即根据工程进度，将整个施工现场划分为若干区域，分设出入口，每个区域使用不同的出入证件。对出入证件的发放管理要严肃认真，并应定期更换。

四是一般情况下施工现场谢绝参观，不接待会客。对临时来到现场的外单位人员、车辆等要做好登记。

第四节　公路工程施工现场环境保护和文明施工管理

一、公路工程施工现场环境保护

（一）施工现场环境保护

公路工程项目施工现场环境保护应做到以下八点：

一是项目经理部应遵守国家有关环境保护的法律规定，采取措施控制施工现场的各种粉尘、废气、废水、固体废弃物以及噪声、振动对环境的污染和危害。

二是妥善处理泥浆水，未经处理不得直接排入河流。

三是除设有符合规定的装置外，不得在施工现场熔融沥青或者焚烧油毡、油漆以及其他会产生有毒有害烟尘和恶臭气体的物质。

四是使用密封式的圈筒或者采取其他措施处理高空废弃物。

五是采用有效措施控制施工过程中的扬尘。

六是禁止将有毒有害废弃物用作土方回填。

七是对产生噪声、振动的施工机械，应采取有效控制措施，减轻噪声扰民。

八是工程施工由于受技术、经济各种限制，对环境的污染不能控制在规定范围内的，项目经理部应会同业主事先报请当地建设行政主管部门和环境保护行政主管部门批准。

（二）施工现场环境保护措施

1. 生态环保措施

对开挖土方、回填土方过大的路段，施工应避开雨期，并在雨期来临之前，将开挖、回填、弃方的边坡处理完毕。

对于施工取土，要做到边开采、边平整、边绿化。同时，要做到计划取土，及时还耕。对于在公路两侧取土，要做好规划，要有利于保护耕地。南方地区可与修建养鱼、养虾池有计划地结合起来，并与路基保持一定的距离，杜绝随意取土。

对于雨水较多的地区，在公路施工中，会出现边坡的崩塌、滑坡现象，因此，凡是大面积护坡处须增设截水沟，有组织地排除雨水。

对路堤边坡应及时植草绿化，在修筑较高挡土墙的同时，每隔一定距离栽植易发芽的灌木。

对施工临时的占地，应将原有土地表层耕作的熟土堆在一旁，待施工完毕将这些熟土再推平，恢复原土地表层。

2. 大气污染防治措施

公路施工的堆料场、灰土墙拌和站等应设于空旷的地方，相距 200m 范围内不应有集中居民区、学校等。

在采用沥青路面的路段，设置沥青混凝土搅拌站的位置应选择适当，既要方便，又要符合卫生要求，卫生防护距离分级中规定保护距离为 300m。同时，沥青混凝土搅拌站应设在离开居民区、学校等环境敏感点以外的下风向处，此外不宜采用开敞式、半封闭式沥青熬化作业工艺。

施工材料运输时公路及便道应采取定时洒水降尘措施，对一些粉状材料，运输时应加以遮盖。

3. 水污染防治措施

一些施工材料，如沥青、油料、化学品等不宜堆放在民用、水井及河流湖泊附近，防止雨水冲刷而进入水体。

施工人员的生活污水、生活垃圾、粪便等应集中处理，不能直接排入水体；施工管理区生活污水等无法接入市政排水管网时，要建化粪池进行处理。

桥梁施工中施工机械、船只要严格检查，防止油料泄漏。严禁将废油、施工垃圾等随意抛入水体。

4. 噪声防治措施

当施工路段或工地距居民距离小于 150m 时，为保证居民夜间休息，在规定时间内停止施工。

对于施工处附近的学校和单位，施工项目部应和他们商议，调整施工时间或采取其他措施，尽量减小施工噪声对教学和工作的干扰。

施工项目部要注意保养机械，使机械维持最低声级水平，安排工人轮流操作机械，减少工人接触高噪声的时间，对在声源附近工作时间较长的工人，可采取发放防声耳塞、头盔等保护措施，使工人进行自身保护。

采取吸声、隔声、隔振和阻尼等声学处理的方法来降低噪声。

①吸声：吸声是利用吸声材料和吸声结构吸收通过的声音，减少室内噪声的反射来降低噪声。

②隔声：隔声是把发声的物体、场所用隔声材料封闭起来与周围隔绝。常用的隔声结构有隔声间、隔声机罩、隔声屏等。有单层隔声和双层隔声两种。

③隔振：隔振就是防止振动能量从振源传递出去。隔振装置主要包括金属弹簧、隔振器、隔振垫等。常用的材料还有软木、矿渣棉、玻璃纤维等。

④阻尼：阻尼就是用内摩擦损耗大的一些材料来消耗金属板的振动能量并变成热能散失掉，从而抑制金属板的弯曲振动，使辐射噪声大幅度地削减。常用的阻尼材料有沥青、软橡胶和其他高分子涂料等。

二、公路工程现场文明施工基本要求

实现文明施工，不仅要着重做好现场的场容管理工作，而且还要相应做好现场材料、机械、安全、技术、保卫、消防和生活卫生等方面的管理工作。

（一）对现场场容管理方面的要求

一是工地主要入口要设置简朴规整的大门，门旁必须设立明显的标牌，标明工程名称、施工单位和工程负责人姓名等内容。

二是建立文明施工责任制，划分区域，明确管理负责人，实行挂牌制，做到现场清洁整齐。

三是施工现场场地平整，道路坚实畅通，有排水措施；基础、地下管道施工完后要及时回填平整，清除积土。

四是现场施工临时水电要有专人管理，不得有长流水、长明灯。

五是施工现场的临时设施，包括生产、办公、生活用房、仓库、料场、临时上下水管道以及照明、动力线路，要严格按施工组织设计确定的施工平面图布置、搭设或埋设整齐。

六是工人操作地点和周围必须清洁整齐，做到活完脚下清。

七是砂浆、混凝土在搅拌、运输、使用过程中，要做到不撒、不漏、不剩；使用地点盛放砂浆、混凝土必须有容器或垫板，如有撒、漏要及时清理。

八是要有严格的成品保护措施，严禁损坏污染成品，堵塞管道。高层建筑要设置临时便桶，严禁在建筑物内大小便。

九是建筑物内清除的垃圾渣土，要通过临时搭设的竖井或利用电梯井或采取其他措施稳妥下卸，严禁从门窗口向外抛掷。

十是施工现场不准乱堆垃圾及余物。应在适当地点设置临时堆放点，并定期外运。清运渣土垃圾及流体物品，要采取遮盖防漏措施，运送途中不得遗撒。

十一是根据工程性质和所在地区的不同情况，采取必要的围护和遮挡措施，并保持外观整洁。

十二是针对施工现场情况设置宣传标语和黑板报，并适时更换内容，切实起到表扬先进、促进后进的作用。

十三是施工现场严禁居住家属，严禁居民、家属、小孩在施工现场穿行、玩耍。

（二）对现场机械管理方面的要求

1. 机械设备

①现场使用的机械设备，要按平面布置规划固定点存放，遵守机械安全规程，经常保持机身及周围环境的清洁，机械的标记、编号明显，安全装置可靠。

②清洗机械排出的污水要有排放措施，不得随地流淌。

③在用的搅拌机、砂浆机旁必须设有沉淀池，不得将浆水直接排放下水道及河流等处。

④塔吊道按规定铺设整齐稳固，塔边要封闭，道渣不外溢，路基内外排水畅通。

2. 施工现场安全色、安全标志管理

安全色是表达信息含义的颜色，用来表示禁止、警告、指令、指示等，其作用在于使人们能迅速发现或分辨安全标志，提醒人们注意，预防事故发生。

①红色：表示禁止、停止、消防和危险的意思。

②蓝色：表示指令，必须遵守的规定。

③黄色：表示通行、安全和提供信息的意思。

3. 安全标志

安全标志是指在操作人员容易产生错误，可能造成事故的场所所采取的一种标示。此标示由安全色、几何图形符合构成，是用以表达特定安全信息的特殊标志。设置安全标志的目的，是引起人们对不安全因素的注意，预防事故发生。

①禁止标志：是不准或制止人们的某种行为（图形为黑色，禁止符号与文字底色为红色）。

②警告标志：是使人们注意可能发生的危险。

③指令标志：是告诉人们必须遵守的意思。

④提示标志：是向人们提示目标的方向，用于消防提示。

三、公路工程项目文明施工工作内容

公路工程项目文明施工工作应包括下列内容：

一是进行现场文化建设。

二是规范场容，保持作业环境整洁卫生。

三是创造有序生产的条件。

四是减少对居民和环境的不利影响。

项目经理部应对现场人员进行培训教育，提高其文明意识和素质，树立良好的形象，并按照文明施工标准，定期进行评定、考核和总结。

四、公路工程项目文明施工组织与管理

（一）组织和制度管理

一是施工现场应成立以项目经理为第一责任人的文明施工管理组织。分包单位应服从总包单位文明施工管理组织的统一管理，并接受监督检查。

二是各项施工现场管理制度应有文明施工的规定。包括个人岗位责任制、经济责任制、安全检查制度、持证上岗制度、奖惩制度、竞赛制度和各项专业管理制度等。

三是加强和落实现场文明检查、考核及奖惩管理，以促进施工文明管理工作的提高。检查范围和内容应全面周到，包括生产区、生活区、场容、环境文明及制度落实等内容。

（二）收集文明施工的资料及其保存的措施

一是上级关于文明施工的标准、规定、法律法规等资料；

二是施工组织设计中对文明施工的管理规定，各阶段施工现场文明施工的措施；

三是文明施工自检资料；

四是文明施工教育、培训、考核计划的资料；

五是文明施工活动各项记录资料。

（三）加强文明施工的宣传和教育

一是在坚持岗位练兵的基础上，要采取短期培训、上技术课、登黑板报、广播、看录像、看电视等方法狠抓教育工作；

二是要特别注意对临时工的岗前教育；

三是专业管理人员应熟悉掌握文明施工的规定。

第六章　公路工程质量管理

第一节　质量管理的基础理论

在公路工程建设中，质量是工程建设的关键，任何一个环节、任何一个部位出现问题，都会给工程整体质量带来严重的后果，直接影响到公路的使用效果，甚至返工重建造成巨大的经济损失。因此，工程质量是公路工程建设的生命。

一、工程质量的概念

（一）质量

质量的定义是"一组固有特性满足要求的程度"。固有特性的内容包括产品和服务、质量管理体系、组织和个人及生产过程四方面。对质量有明确要求、隐含要求和必须履行的要求。

（二）产品质量

产品质量指产品满足人们在生产及生活中所需的使用价值及其属性。它们体现为产品的内在和外观的各种质量指标。根据质量的定义，可以从两方面理解产品质量。第一，产品质量好坏和高低是根据产品所具备的质量特性能否满足人们需要及满足程度来衡量的。第二，产品质量具有相对性。即一方面，对有关产品所规定的要求及标准、规定等因时而异，会随着时间、条件而变化；另一方面，满足期望的程度由于用户需求程度不同，因人而异。

（三）工程项目质量

工程项目质量包括建筑工程产品实体和服务这两类特殊产品的质量。

工程实体作为一种综合加工的产品，它的质量是指建筑工程产品适合于某种规定的用途，满足人们要求其所具备的质量特性的程度。

"服务"是一种无形的产品。服务质量是指企业在推销前、销售时、售后服务过程中满足用户要求的程度。其质量特性依服务业内不同的行业而异，但一般包括服务时间、服务能力、服务态度。

结合公路施工项目的特点，即招标投标、投资额较大、生产周期较长，因此，服务质量同样是工程项目质量中的主要因素之一。公路建设行业的服务质量既可以是定量的，也可以是定性的，例如施工工期、现场的概貌、同驻现场的监理和其他施工单位之间的协作配合、工程竣工后的保修等。

（四）工作质量

工作质量是指参与工程的建设者，为了保证工程的质量所从事工作的水平和完善程度。

工作质量包括社会工作质量、生产过程工作质量等。工程质量的好坏是公路工程形成过程的各方面各环节工作质量的综合反映，而不是单纯靠质量检验检查出来的，要保证工程质量就要求有关部门和人员精心工作，对决定和影响工程质量的所有因素严加控制，即通过工作质量来保证和提高工程质量。多年的施工技术经验表明，要保证公路施工处于较高的工作质量水平，必须从人（Man）、材料（Material）、设备（Machine）、方法（Method）、环境（Environment）这五大要素着手，简称"4M1E"。

（五）加强质量管理的重要性

公路工程监理质量是对工程生产相关程序流程等进行监管，主要监管工程施工过程质量，尤其对其中可能会影响工程质量的因素进行严格监督，确保公路工程监理质量正规，各流程满足施工标准要求，达到建设目标。同时，完善公路工程监理规划，严格控制各阶段工程和各环节工序，若是发现问题须及时补救，确保公路工程建设质量，使公路建设质量符合要求。

对于施工单位而言，施工质量控制和工程监理是重要保障，通过制定施工质量和监理责任制度，完善相关规程，可以有效监理公路工程，规范施工过程，实现质量控制，并预防质量事故发生，规范施工单位活动，确保施工环节和工程监理、质量控制符合要求，使机械设备、施工人员等资源处于良好运行状态中，进而为整个公路施工顺利进行提供保障。公路工程施工质量控制核心内容包括质量事故应急救援、工程管理和施工监理制度、构件设备管理、绩效评定等，通过开展这些工作实现质量控制和工程监管，为工程施工提供保障。同时，能够规范施工活动，实现质量控制和工程监理标准化、规范化，有利于及时排除质量威胁，降低质量事故发生率，确保施工效益和生产作业安全运行，这也是工程建设的基本要求。科学合理的管理体系是保证公路工程有序施工的重要保证，有效的公路工程施工管理体系不仅能够在规定的时间内完成相应的施工任务，还能够对公路工程施工过程中存在隐患的问题进行及时排查，并解决已经发生的施工问题，进而达到提升公路工程施工质量的目的。

现阶段社会经济在快速发展，同时，人们日常生活水平和质量也在不断提高，逐渐提高对公路工程施工质量的需求。而公路工程与人们日常的出行之间具有密切的联系，不仅能够"减少各个城市之间的距离"，还能够提高人们日常生活水平和质量，伴随社会经济的快速发展，人们也逐渐提高对公路工程施工质量的需求和标准。

二、公路工程建设特点

公路工程建设具有以下特点：

一是建设周期长，一般项目要 2~4 年，有的更长，建设过程中以及在使用过程中，要消耗大量的人力、物力和财力。

二是属于重要的生活资料和生产资料，建成后对人民生活和社会经济发展将长期发挥重要作用。

三是涉及面很广，协作配合、同步建设、综合平衡等问题很复杂。必须在建设过程中周密安排，环环相扣，协调好参与工程建设以及与工程建设有关方面的关系，取得各个方面的配合和协作，做到综合平衡。

四是建设地点是固定的，因此，必须把建设地点的地质、水文、气象、社会条件等调查清楚，并应通过慎重、周密的技术经济方案论证和比较，从中选择最优的方案精心设计和施工。

五是每项公路工程建设都有其特定的目的和用途，只能单独设计、单独施工。即使是规模相同的同类工程，由于地区条件和自然环境、建设时间等不同，也会有很大的区别。

公路工程对国民经济的发展和人民的生活具有极其重要的作用。因此，保证公路工程的质量、交付使用的时间以及费用的合理合法就是非常重要的工作。

三、公路工程质量的特性

工程质量是工程符合于业主一定需要而规定的技术条件的性能综合，即其技术性能，也可理解为随着现代化生产技术的发展以及市场经济的形成，人们对质量意识的逐步深化，从而产生除本体质量外，还包括工程对环境、社会、经济等方面的影响，也包括了建设全过程各个方面的工作质量和管理质量。

公路工程质量是指国家和交通行业现代法律、法规、技术标准、批准的可行性研究报告、设计文件及工程合同中，对工程的安全、适用、耐久、经济、美观等特性的综合要求。它贯穿公路建设的全过程。由于公路基础设施的公益属性，决定了公路工程质量具有特殊性、公开性和效益性。一是特殊性，公路工程质量不仅是产品质量问题，而且关系到国计民生和人民出行的财产和生命安全，与公众利益息息相关。二是公开性，因为路是开放的，对其质量问题，人人都可以监督和评说，因此，公路工程质量是涉及行业形象的大事。三是效益性，公路设施需要高投入，优质工程会延长使用周期，带来长远的经济效益和社会效益；劣质工程要付出高额代价；勉强过得去的工程，则会增大养护成本。

四、公路工程质量管理的重要性

随着改革开放的不断深入和发展，我国的公路建设工程质量和服务质量的总体水平不断提高。多年来，我国一直来强调必须贯彻"百年大计、质量第一"的方针，这对建立发展社会主义市场经济和扩大对外开放发挥了重要作用。质量管理工作已经越来越为人们所重视，企业领导清醒地认识到了高质量的产品和服务是市场竞争的有效手段，是争取用户、占领市场和发展企业的根本保证。但是与国民经济发展水平和国际水平相比，我国的质量水平仍有很大的差距。

作为公路建设工程产品的公路工程项目，投资和耗费的人工、材料、能源都相当大，投资者（业主）付出巨大的投资，要求获得理想、满足使用要求的产品，以期在额定时间内能发挥作用，为社会经济建设和物质文化生活需要做出贡献。如果工程质量差，不但不能发挥应有的效用，而且还会因质量、安全等问题影响国计民生和社会环境的安全。

工程质量的优劣，直接影响国家建设的速度，工程质量差本身就是最大的浪费，低劣的质量一方面需要大幅度增加返修、加固、补强等人工、器材、能源消耗，另一方面还将给用户增加使用过程中的维修、改造费用。同时，低劣的质量必然缩短工程的使用寿命。使用户遭受经济损失。此外，质量低劣还会带来其他的间接损失，给国家和使用者造成的浪费、损失将会更大。因此，质量问题直接影响我国经济建设的速度。对公路工程施工项目经理来说，把质量管理放在头等重要的位置是当务之急。

第二节　质量管理相关方及其活动

一、建设单位的质量管理

（一）建设单位项目管理的组织形式

为了明确投资责任主体，规范国有单位项目业主的行为，国有单位经营性的基本建设大中型项目和基础设施项目，在建设阶段必须组建项目法人，实行项目法人责任制。

非经营性大中型项目和小型基本建设项目可参照执行这一规定。

1. 项目法人的设立

在项目建议书被批准后，应及时组建项目法人筹备组，具体负责项目法人的筹建工作。项目法人筹备组主要由项目的投资方派代表组成。项目可行性研究报告批准后，正式成立项目法人，办理公司设立登记。

2. 项目法人的组织形式

项目法人可按相关的规定采用有限责任公司和股份有限公司形式。国有独资公司设立董事会，董事会由投资方负责组建。国有控股或参股的有限公司、股份有限公司设立股东会、董事会和监事会，董事会和监事会由各投资方按规定进行组建，并行使相应职权。董事会在项目建设期间应至少有一名董事常驻现场。

（二）建设单位的质量责任和义务

一是建设单位应根据国家和交通主管部门有关规定设立，并应按照国家规定建立健全质量保证体系，建立质量管理制度，落实质量岗位责任制。

二是建设单位应严格履行基本建设程序，根据公路工程特点和技术要求，确定合理标段、合理工期、合理造价，并按国务院交通主管部门规定通过项目招标选择具有相应资格的勘测设计、施工和监理单位，并应分别签订合同，实行合同管理。公路工程的合同文件，必须有工程质量条款，明确各项工程和材料的质量标准和合同双方的质量责任。

三是承担工程项目同一合同段的施工和监理单位不得隶属同一管理单位，招标代理机构不得参加工程投标。

四是建设单位应主动接受质监机构对其质量保证体系的监督检查。工程开工前，应按规定向质监机构办理工程质量监督手续；工程施工过程中，应主动接受质监机构对工程质量的监督检查；工程完工后，应由质监机构对工程质量进行鉴定。

五是建设单位应依照有关公路工程建设的法律、法规、规章、技术标准、规范和合同文件，组织进行设计、施工、监理。开工前应组织施工图设计审查和设计交底；施工中应对工程质量进行检查；工程完工后应及时组织交工验收，并做好竣工验收的准备工作。

六是建设单位应加强档案管理，所有建设项目都要按照有关规定，建立健全项目档案。从项目筹划到工程竣工验收和环节的文件资料，都要严格按照规定收集、整理、归档。

七是建设单位必须向有关的勘察、设计、施工、工程监理等单位提供与建设工程有关的原始资料。原始资料必须真实、准确、齐全。

八是建设工程发包单位不得迫使承包方以低于成本的价格竞标，不得任意压缩合理工期。建设单位不得明示或者暗示设计单位或者施工单位违反工程建设强制性标准，降低建设工程质量。

九是实行监理的建设工程，建设单位应当委托具有相应资质等级的工程监理单位进行监理，也可以委托具有工程监理相应资质等级并与被监理的工程的施工承包单位没有隶属关系，或者其他利害关系的设计单位进行监理。

十是按照合同约定，由建设单位采购建筑材料、建筑构配件和设备的，建设单位应当保证建筑材料、建筑构配件和设备符合设计文件和合同要求。

（三）建设单位对项目质量的管理和控制

建设单位要对建设项目全过程的质量负责，对工程质量进行检查和监督，或者委托监理单位对工程项目实行有效的管理，重点是勘察、设计和施工质量的管理和控制。

1. 勘察设计阶段项目质量的管理和控制

（1）委托勘察设计任务

建设单位应根据主管部门审批的或在有关部门备案的投资项目可行性研究报告等文件，办理设计委托与确定的勘察设计单位签订合同；建设单位根据设计单位提出的勘察资料要求，即勘察任务书，委托勘察单位并签订合同，明确双方职责。勘察设计任务的委托，可以一次性办理，也可分阶段进行。建设监理单位协助选择勘察设计单位。

（2）收集和提供设计基础资料

设计基础资料是设计的重要依据之一，它必须满足工程设计的要求，按合同规定的时间及时、准确地向设计单位提供设计的要求和设计基础资料。

（3）建设过程中勘察设计工作的组织与控制

建设单位在建设过程中要同勘察设计单位保持经常的联系，做好工程勘察设计的管理与调控。一般包括：组织协调勘察与设计单位之间、勘察设计单位与科研机构之间，以及勘察设计单位与物资供应、施工、监理等单位之间的工作配合；主持研究、讨论、评选和确认重大设计方案；督促勘察单位按合同规定日期交付勘察资料，以满足设计需要；督促设计单位按合同规定的进度交付设计文件，满足建设准备和施工的需要，若发生问题和矛盾，应及时组织协商解决；组织、审查和上报设计文件，按照规定程序报请有关部门审查批准；组织设计、施工单位进行设计交底，会审施工图纸，重点审查各专业设计之间是否衔接、图面是否统一、图纸是否齐全，审查中发现的问题由原设计单位负责解释或按一定程序进行修改；配合和协助设计单位处理好施工中的设计问题，包括方案更改、施工图设计修改、合理化建议和材料代用等，并要保证建设进度和施工的不间断进行；认真做好工作勘察设施的维护管工作、对工程测量控制点，必须妥善维护和保管，未经批准不得毁坏，对这些设施的移动或销毁必须建立严格的管理制度。

2. 施工阶段项目质量的管理和控制

在整个施工阶段，建设单位应自始至终处于组织领导地位，起到督导作用。监理单位协助选择施工承包单位，商管施工合同并组织实施。

（1）施工任务分包的控制

严禁施工单位将承接的公路工程建设项目转包，严格控制公路工程的分包。

工程分包单位必须具有相应的资质等级，且不得二次分包。施工合同分包必须经监理单位审查，建设单位批准。

分包单位必须按照分包合同的约定，对工程质量向总承包单位负责，接受总承包单位的质量管理；总承包单位按照总承包的约定，对全部工程质量向建设单位负责，对分包工程的质量与分包单位承担连带责任。

（2）施工过程的控制

严格执行建设程序和工程施工程序、组织设计、施工及监理单位进行施工图会审和技术交底；参与施工及监理单位进行施工方案的审定；组织和参与有关工程的工作会议，协调解决工程建设参与各方及有关方面的矛盾和问题；组织联系落实应由建设单位供应的材料、构配件和设备等建设物资供应；填写施工日记，收集整理文件资料，做好归档准备工作。

（3）竣工验收阶段项目质量的管理和控制

工程项目按设计文件和合同规定的内容和标准全部建成。对竣工工程应由各方按照设计与施工验收规范进行技术检验。建设单位应督促和协调各单位对所有技术文件资料进行系统整理，对不符合要求的，应限期修改、补齐直至重做。对原材料、构配件和设备的质量证明材料、试验检验资料、隐蔽工程验收记录及施工记录等各种技术资料和工程档案进行审核并按规定分类立卷，准确、完整地绘制竣工图，并符合档案管理的有关规定。重大工程还要请上级单位或地方政府派员参加，列为国家重点工程的大型建设项目，往往由国家有关部委，邀请有关方面参加，组成工程验收委员会进行验收。验收完毕并确认符合竣工标准和合同条款规定要求以后，向承包单位签发竣工验收证明书，并办理竣工备案和工程移交手续。

二、勘察设计单位的质量管理

（一）勘察设计工作概述

1. 工程勘察设计在工程建设中的地位和作用

在工程建设过程中，勘察设计是质量控制的主要环节，勘察设计质量不好，使工程质量先天不足，后天很难弥补，因此，抓工程质量首先要抓勘察设计质量。

勘察设计工作，勘察是先行，是设计的依据，设计是整个工程建设的灵魂，是施工的依据。我国工程质量事故统计资料说明，由于设计不合理、违反科学引起路基沉陷、路面破坏、桥梁垮塌等质量事故要占总事故的相当比例，大凡设计造成的质量问题往往是恶性的。勘察设计的质量和水平对保证工程质量、保障国家财产和人身安全、促进技术进步、提高工作效益起决定性作用。

2. 工程勘察设计的阶段划分

勘察设计工作一般分阶段进行。

我国现行规定，一般建设项目按初步设计和施工图设计两个阶段进行。

3. 工程勘察设计的程序

任何项目的建设都必须坚持先勘察、后设计、再施工的程序，而勘察设计阶段又有自己特定的程序。

工程勘察一般步骤和程序大体是：收集相关资料，现场踏勘，编制勘察纲要，出工前准备，野外调查，测绘、勘察、试验和分析资料，编制图件和报告等。设计工作是一个逐步深入和循环渐进的过程，其一般程序可分为以下步骤：

根据主管部门或建设单位委托，进行建设项目可行性研究、编制可行性研究报告；参加建设规划和试验研究等前期工作，进行必要的资源普查、工程地质勘查、水文勘察等方面的准备工作、掌握情况，收集有关的设计基础资料，为编制设计文件做必要的准备；由浅入深、循序渐进，编制初步设计和施工图设计，配合施工和参加竣工验收工作，监督工程建设，为施工服务，参加由建设单位组织的工程竣工验收；做好与设计有关的全部建设项目的工程设计文件、资料的清理和归档工作。

4. 工程设计周期

工程设计周期，是指完成投资项目工程设计所需的时间，即对某项工程编制初步设计和施工图设计等全部设计文件所需的时间。设计周期的长短，取决于建设项目的类型、性质、设计规模、难易程度、技术要求和工作量大小等因素。合理的设计周期是保证设计深度和质量的一个重要因素。

（二）勘察设计单位的质量责任和设计内容及深度要求

1. 勘察设计单位的质量责任

①从事建设工程勘察、设计单位应依法取得相应等级的资质证书，并在其资质等级许可的范围内承揽工程。并主动接受质监机构对其承担设计工作的资格和质量保证体系的监督检查。禁止勘察设计单位超过其资质等级许可的范围或者以其他勘察设计单位的名义承揽工程。禁止勘察设计单位允许其他单位或者个人以本单位的名义承揽工程。勘察设计单位不得转包或者违法分包承揽的工程。

②勘察、设计单位须按照工程建设强制性标准进行勘察设计，并对其勘察设计的质量负责。设计单位应建立健全设计质量保证体系，加强设计过程的质量控制，建立完整的设计文件的编制、复核、审核、会鉴和批准制度，明确责任人。

③勘察单位提供的地质、测量、水文等勘察成果必须真实、准确。设计依据的基本资料应完整、准确、可靠、设计方案论证充分，计算成果可靠，并符合结构安全要求。

④设计单位应根据勘察成果文件进行建设工程设计。设计文件应符合深度要求，注明工程合理使用年限。

⑤设计单位在设计文件中选用的建筑材料、构配件和设备，应当注明规格、型号、性能等技术指标，其质量要求必须符合国家的标准。

⑥设计单位应就审查合格的施工图设计文件向施工单位做出详细说明。

⑦设计单位应参与建设工程质量事故分析，并对因设计造成的质量事故，提出相应的技术处理方案。

⑧设计单位应在施工现场设立代表处或派驻设计代表，随时掌握施工现场情况，解决设计的有关问题，并及时反馈给设计本院。

2. 设计的内容和深度

建设项目各个设计阶段的内容和应达到的设计深度，国家和地方都有一定的规定和要求，它是勘察设计质量的重要方面。

（1）初步设计的内容和深度

初步设计的深度应能满足设计方案的比较和确定，项目投资的控制、施工图的编制、施工组织设计的编制、施工准备和生产准备等要求。

（2）技术设计的内容和深度

技术复杂而缺乏设计经验的投资建设项目，一般要进行技术设计。它是根据批准的初步设计和更详细的勘察、调查、研究资料和技术经济计算编制的。技术设计的内容应视建设项目具体情况、特点和需要而定，国家不做硬性的规定。技术设计的深度一般应能满足有关特殊工艺方面的试验、研究及确定，以及某些技术复杂问题的研究。

（3）施工图设计的内容和深度

施工图设计是初步设计的进一步具体化和形象化，是把前期设计中所有的设计内容和方案绘制成可用于施工的图纸。

施工图设计根据批准的初步设计文件编制，其内容主要包括：总说明、总平面图、纵断面图、横断面图、路基设计表、征地拆迁表、防护工程图、桥梁工程图、通道、涵洞图、立体交叉和平面交叉图、纵向排水设施图、路面结构图、交通工程图等。施工图的设计深度应能满足现代化技术水平的需要，满足新工艺、新材料、新技术的推广应用，满足业主和广大人民群众的需要，满足施工和监理的需要，满足行车稳定、安全、舒适的需要，满足经济美观的要求，满足规范标准的要求。

（三）勘察设计单位的工作质量管理

勘察设计成果的质量特殊复杂，影响因素众多，概括起来，它是一个多层次的概念。勘察设计单位只有通过建立健全质量保证体系，健全勘察设计技术责任制，加强勘察设计全过程各阶段的工作质量控制，切实抓好事前布置、中间检查、成果审核、质量评定等关键环节，才能确保向建设单位提供优秀勘察设计成果，做好建设过程中的优质服务。

为了发挥工程勘察设计应有的作用，总结国内外实践经验，并结合我国实际情况，勘察设计应遵守以下主要原则：贯彻经济、社会发展规划，城乡规划和产业政策环保要求；实行资源综合利用、节约资源、环境保护；遵守强制性工程建设技术标准；采用新技术、新工艺、新材料、新设备；重视技术和经济结合；注意与环境协调和美观。

保证和提高勘察设计质量的基本措施如下：

一是编制好勘察纲要等指导性文件，对大型或地质条件复杂的工程勘察纲要应组织会审。文件应体现规划、设计意图，符合规范、规程的规定，满足可行性报告和勘察设计任务书的要求，依据齐全可靠，方案合理可行，以统一技术条件与工作安排，同时积极改革传统的勘察设计方法和手段，提高勘察设计质量和效率。

二是建立健全原始资料，落实自检、互检和专检职责等相关制度。勘察原始资料必须符合规范、规程的规定，及时编录、核对、整理，不得遗失或任意涂改。设计单位也要及时收集施工和竣工后对设计质量的意见，建立工程设计质量档案，进行分析研究，不断改进工作，提高设计质量。

三是建立健全成品校审制度。对阶段性成果和最终成果的质量，按规定程序进行严格校审并签字，具体包括对计算机依据的可靠性，成果资料、数据和计算结果的准确性，论证证据和结论的合理性、现行标准规范的执行、各阶段勘察设计文件的内容和深度、文字说明的准确性、图纸的清晰与准确、成果资料的规范化和标准化等内容。大型或地质条件复杂的工程，应组织会审。对检查、验收或审核不符合质量要求的勘察设计成果都要推倒重来，不得盖章出图。

四是加强设计标准化工作。重视企业标准的编制，推广标准设计的应用和国际专业标准的附和，跟踪先进设计技术和设计方法，以保持设计质量和水平的稳定提高。

五是鼓励设计创新。通过开展优秀勘察设计竞赛评比等活动，激励勘察设计人员加强基本训练，不断提高技术业务水平，鼓励勘察设计人员增强创新意识，积极吸收应用新技术、新工艺，提出合理化建议，促进勘察设计质量的提高。

（四）设计文件的审批

设计文件审批也是分阶段的，大中型项目的初步设计，按隶属关系由国务院主管部门或省、自治区、直辖市审查；小型项目的初步设计审批权限，由各部门和各省、自治区、直辖市自行规定；国务院部门在地方安排的项目，以部为主，各省、自治区、直辖市审批。施工图设计除按规定由当地建设行政主管部门审查外，一般不再审批。设计文件经批准后，不得任意修改，如须修改应经原审批机关标准。

第三节　公路设计项目质量管理措施

一、公路设计项目的质量管理计划

（一）公路设计策划与设计计划

公路设计策划是针对某个公路设计项目先建立质量目标，制定质量要求并相应开展各种设计活动。

公路设计计划是以设计计划的形式编制的，由项目的设计策划形成的文件，它是项目设计质量管理及控制的依据性文件。

（二）公路设计项目质量管理计划内容

公路设计质量管理计划的内容包括：项目的质量目标以及对设计质量控制的要求；项目概况；项目的设计范围及设计分工；设计的指导思想及设计原则；业主对设计的特殊要求；设计者工期计划及设计组织；设计的工作程序、设计的进度计划及设计的里程碑的进度计划；设计各阶段的设计评审及验证的安排；设计采用的技术标准、规范；必要的附件：设计合同、可研报告以及设计技术指标表等。只有合理地制订公路设计项目质量管理计划，才能为项目的顺利开展奠定基础。

二、公路设计项目质量管理体系研究

公路设计项目的质量管理体系阐述了设计单位的质量方针，并对设计单位的质量管理体系提出了具体要求，包括设计项目质量管理的要求、质量管理职责以及为确保过程的有效策划、运行和控制所需的文件等。严格遵守公路设计项目质量管理的要求，加强设计过程的质量管理职责，是改进设计质量管理的有效途径。

（一）公路设计项目质量管理的要求

1. 设计质量管理总的要求

在满足业主对公路工程项目的功能及使用价值需求的情况下，正确处理业主需要与资源、投资、技术、标准、环境及法规之间的关系，尽力做到经济、可靠、安全、节能、减少资源的消耗、节约占地、生态环保及可持续发展等的综合协调的工作。

2. 设计质量管理的具体要求

①符合已批复的项目建议书、项目占地等的内容要求。

②符合相关的公路规范标准及技术要求。

③符合有关的质量管理体系及工程建设的法律、法规。

④满足业主的建设意图及设计合同要求，满足施工的要求，不影响工程的进度和质量。

⑤设计图纸齐全，技术要求明确，计算准确。设计单位有义务协助施工单位了解和掌握设计图纸的要求及设计意图。

⑥反映建设过程中及建成后所需要的有关要求、数据和资料。

3. 公路设计阶段投资、进度、质量三者之间的关系

公路设计阶段要处理好投资、进度、质量三者之间的关系，在既定投资限额的约束下，努力达到业主所需的较高的质量水平及最佳使用功能。

（二）公路设计过程的质量管理职责

1. 项目负责人的质量职责

项目负责人在室主任的领导下，按质量管理体系的要求对全项目组的测量、设计工作负责。

①根据设计室的测量、设计生产任务以及本组人员的具体情况，尽快熟悉理解并对本组人员传达《测量指导书》《设计指导书》。合理分配组员应承担的任务，编制本组的生产和创优计划，组织全组人员按照相关程序完成各项测量设计任务。对项目全面负责，对设计内容的完整性、全面性负责。

②组织测量设计人员做好基础资料及相关信息的收集，并对设计输入的资料进行深入细致的分析研究，做好设计方案的比选，树立创新意识，积极采用新技术，以提高设计质量。对原始资料应用的充分性和适宜性负责。

③协调本组人员做好自校、互校和组审工作，做好设计文件的编制工作，注重工作效率，复核互提资料，保证其充分、准确。对本组的设计质量负责。

对项目的组织实施和全过程控制，编制《设计计划书》。

④组织测量设计人员做好中间检查和事后总结，及时处理不合格品，贯彻实施纠正和预防措施，做到不合格产品不出组，并及时在组内开展质量教育和质量剖析活动，保证质量管理体系在项目中正常运行。

⑤复核图纸及计算书，对具体设计方案合理性，设计内容的完整性、全面性负责。

⑥对常规计算方法的正确性、关键数据的正确性，计算结果的可信性、合理性负责。

⑦对设计、复核人员进行技术指导，并进行质量教育，确保管辖范围质量管理体系正常运行。

⑧根据室主任的安排，熟悉业主要求并与业主沟通，组织本组的设计变更和后期服务，重视施工现场的信息反馈，广泛收集与本组产品有关的内容，适时进行归纳和整理。对无合理理由未落实复核意见的产品，有权拒绝签署。

⑨参加设计评审、设计确认会议，汇报项目设计情况，并落实会议精神。

2. 设计各专业室的质量职责

设计单位一般实行专业部室及项目组相结合的矩阵式管理方式。设计的各专业室、项目组分别对设计质量负有相应职责；设计人员在质量管理上受设计各室及项目组的双重领导，各室人员都应理解质量方针和质量目标，贯彻执行相关的质量管理体系文件，并在执行中不断考核其有效性。设计各专业室的质量职责主要有以下内容：

①派出符合资格要求的相应的专业负责人及各级专业设计人员加入项目组，以保证项目组有富裕的质量、数量的人力资源，以保证项目的设计质量和水平。

②项目负责人指导、监督参加该项目组的所有人员，并在生产活动中严格遵守执行本公司的质量管理体系标准，并采取质量保证及控制措施对项目各专业的设计过程进行有效的控制。

③制定工程项目中各专业采用的标准、规范，并确保使用现行的有效版本。

④确定设计中拟采用的专业技术方案，并对设计的专业技术方案的合理性、先进性、可靠性论证比选，确保专业技术方案的合理可靠。

⑤在实施项目或用户的变更中，严格按照设计更改程序。

⑥负责对设备及材料供货厂商报价相关的技术评审。

⑦设计过程中若出现设计的不合格成果时，严格地执行相应的控制程序。

⑧必要时，可参加项目的合同评审及承包方的资格审查。

⑨负责收集、编制及管理设计过程中相应产生的各种质量管理记录。

3. 复核人员的职责

复核人员必须是具有大学本科以上学历的专业技术人员，由正/副室主任或具备中级职称的技术人员担任，敬业、爱岗具有良好的道德品质和行业素质，熟悉业务技术和常用设计规范、标准及其他质量技术要求。主要职责如下：

①复核图纸（报告）及计算书，并用红色明确、清晰标识，对图纸（报告）、原始资料（数据）、计算公式和计算结果的正确性负责。

②向审核、审定人员介绍复核情况。

③对无合理理由未落实复核意见的产品，有权拒绝签署。

三、公路设计项目质量管理的改进措施

（一）增强设计人员的质量意识，提高设计人员的业务技能

公路工程的设计成果是将无形抽象的人类思维活动转化为可视的文字、图形及数据等。公路工程的设计工作是一种创造性的劳动，设计质量是在严格遵守规范、技术标准及法规的基础上，对公路工程所处的地质条件做出准确、及时的评价，正确协调经济、技术及环境等条件的相互约束，使公路工程设计项目更好地满足业主要求的使用功能及价值，保障发挥项目投产后的经济效益。

人是设计生产、经营过程的主体，公路工程项目设计工作的管理协调、组织策划及过程控制，都是通过设计者来完成的。设计者的文化程度及技术水平、职业道德等，都对工程的设计质量产生一定的影响，所以，设计者的水平是影响公路设计质量的一个重要因素。从本质上讲，作为公路设计单位的员工，必须将质量责任意识作为一种责无旁贷的使命，无论在什么岗位，都肩负公路建设的责任和使命，加强公路设计人员的业务技术培训，不断提高他们的专业技能。公路设计项目质量的高低与设计者的专业技术水平及综合素质是密不可分的。因此，设计单位要制订专门的员工培训计划，运用激励措施及考核奖励办法，促使员工自觉学习新的规范、技术标准及设计专业的各种技术规定、作业程序，不断提高设计者的业务水平。采用"传帮带"模式，开展岗位技能培训，让专业技术水平高、设计经验丰富的人员当老师，带着年轻人干，从简单图纸开始，整个项目流程做下来，给年轻人分配一些力所能及的工作，逐步掌握一定的设计技能，不断积累，让年轻人能够将理论知识、规程及规范逐步应用到实际的工程设计中去，不断地熟悉公路设计的流程及要求，不断提升业务水平。

培养公路专业设计人员细致的工作作风及爱岗敬业精神，并要求设计人员做到"四勤"：脑勤，要熟悉相应基础数据，抓住关键，勤动脑筋，想方设法来保证公路工程的设计质量；手勤，对发现及处理的问题要有记录；腿勤，为了获取准确的第一手设计资料要勤跑，并将不正确的信息消灭在萌芽状态；口勤，在设计的过程中遇到问题要及时汇报，设计完成后，给下一道工序提供图纸要进行技术交底工作，介绍整个工程项目的设计意图、建设条件及须注意的事项，遇到协助配合的情形要及时沟通并协商解决。在工作中创造一种乐于学习的氛围，通过学习来不断提升设计者的设计整体水平。

（二）优化组织结构，合理配置资源

设计单位目前主要是职能式组织结构，其优点是能发挥职能部门的专业作用，减轻单位领导者的负担；其不足是阻碍了所需的集中决策及指挥。同时，因为专业职能部门的质量管理能力不强，特别对客户在设计质量改进方面的需求反应较迟，对设计过程的管理控制不够及时，这也降低了质量系统的运行效率。从设计单位的工作内容及特点来看，更适合建立按各个项目划分的矩阵式结构。项目负责人是以提高项目设计质量为目的的，赋予项目负责人特定的责任及权利，充分发挥项目负责人的指挥、协调作用，可以使不同设计者之间的配合及信息交流更加顺畅，组织机构运转灵活，项目成员协调能力增强，能够较好地处置设计中的各种变化情况，并迅速做出应对的措施。

设计单位是面对多个项目同时开展设计工作的，为了保证工程设计质量，单位领导和项目负责人要根据项目的轻重缓急和难易程度，给项目投入相应的资源，分配好设计、校核、审核不同层次的资源，通过多层次的综合调配，使有限的资源发挥最大的作用，以保证工程设计质量。

（三）严格地执行设计质量管理体系，持续改进设计质量

通过进行质量管理体系的认证工作，设计单位可建立一整套较健全的管理制度。质量管理体系的建立不仅是质量贯标认证的要求，其根本目的在于通过实施质量管理体系，规范作业流程以及设计人员的行为，明确各专业的设计要求、工序，通过质量管理制度来减少公路设计中各专业间的摩擦，建立相应质量跟踪检查及质量记录制度，确保设计工作的每个环节都合理有序到位，使公路设计质量可控、能控及在控。所以，应确保严格地执行各项设计管理制度，以保证设计质量，并不断持续地改进设计质量。

目前来说，能够较快提升公路设计质量的办法是严格执行质量管理制度、程序，优化组织结构及资源配置，加强质量监督检查，通过对质量管理工作的循环管理控制，以达到持续改进提高设计质量的目的。

第四节　高速公路建设项目质量管理

一、高速公路项目质量控制目标

高速公路项目施工质量控制的总目标，是实现由高速公路项目决策、设计文件和施工合

同所决定的预期使用功能和质量标准。尽管建设单位、设计单位、施工单位、供货单位和监理机构等，在施工阶段质量控制的地位和任务目标不同，但从高速公路项目管理的角度，都是致力于实现高速公路项目的质量总目标。因此，施工质量控制目标，可具体表述如下：

（一）建设单位的控制目标

高速公路建设单位在施工阶段，通过对施工全过程、全面的质量监督管理、协调和决策，保证竣工项目达到投资决策所确定的质量标准。

（二）设计单位的控制目标

高速公路设计单位在施工阶段，通过对关键部位和重要施工项目施工质量验收签证、设计变更控制及纠正施工中所发现的设计问题，采纳变更设计的合理化建议等，保证竣工项目的各项施工结果与设计文件所规定的质量标准相一致。

（三）施工单位的控制目标

高速公路施工单位包括施工总包和分包单位，作为高速公路产品的生产者和经营者，应根据施工合同的任务范围和质量要求，通过全过程、全面的施工质量自控，保证最终交付满足施工合同及设计文件所规定质量标准的高速公路产品。施工单位对高速公路的施工质量负责；分包单位应按照分包合同的约定对其分包工程的质量向总承包单位负责，总承包单位与分包单位对分包工程的质量承担连带责任。

（四）供货单位的控制目标

高速公路建筑材料、设备、构配件等供应厂商，应按照采购供货合同约定的质量标准提供货物及其质量保证、检验试验单据、产品规格和使用说明书，以及其他必要的数据和资料，并对其产品质量负责。

（五）监理单位的控制目标

高速公路监理单位在施工阶段，通过审核施工质量文件、报告报表及采取现场旁站、巡视、平行检测等形式进行施工过程质量监理；并应用施工指令和结算支付控制等手段，监控施工承包单位的质量活动行为、协调施工关系，正确履行对工程施工质量的监督责任，以保证工程质量达到施工合同和设计文件所规定的质量标准。高速公路监理工程师认为工程施工不符合工程设计要求、施工技术标准和合同约定的，有权要求高速公路施工企业改正。

高速公路施工质量的自控和监控是相辅相成的系统过程。自控主体的质量意识和能力是关键，是施工质量的决定因素；各监控主体所进行的施工质量监控是对自控行为的推动和约束。因此，自控主体必须正确处理自控和监控的关系，在致力于施工质量自控的同时，还必须接受来自业主、监理等方面对其质量行为和结果所进行的监督管理，包括质量检查、评价和验收。但作为自控主体不能因为监控主体的存在和监控职能的实施而减轻或免除其质量责任。

二、高速公路项目质量计划的编制方法

高速公路质量计划是高速公路项目质量管理体系文件的组成内容。在合同环境下高速公路质量计划是高速公路施工企业向业主表明质量管理方针、目标及其具体实现的方法、手段和措施，体现企业对质量责任的承诺和实施的具体步骤。详细论述如下：

（一）施工质量计划的编制主体和范围

高速公路项目施工任务的组织，无论业主方采用平行承发包还是总分包方式，都将涉及多方参与主体的质量责任。也就是说，高速公路的直接生产过程，是在协同方式下进行的，因此，在工程项目质量控制系统中，按照谁实施、谁负责的原则，明确施工质量控制的主体构成及其各自控制范围。

高速公路施工质量计划的编制主体，由自控主体即高速公路施工承包企业进行编制。在平行承发包方式下，各承包单位应分别编制施工质量计划；在总分包模式下，施工总承包单位应编制总承包工程范围的施工质量计划，各分包单位编制相应分包范围的施工质量计划，作为施工总承包方质量计划的深化和组成。施工总承包方有责任对各分包施工质量计划的编制进行指导和审核，并承担相应施工质量的连带责任。

高速公路施工质量计划的编制范围，从工程项目质量控制的要求，应与高速公路工程施工任务的实施范围相一致，以此保证整个高速公路项目的施工质量总体受控；对具体施工任务承包单位而言，施工质量计划的编制范围，应能满足其履行工程承包合同质量责任的要求。高速公路项目的施工质量计划，应在施工程序、控制组织、控制措施、控制方式等方面，形成一个有机的质量计划系统，确保项目质量总目标和各分解目标的控制能力。

（二）现行施工质量计划的方式和内容

高速公路质量计划是质量管理体系标准的一个质量术语和职能，在高速公路施工企业的质量管理体系中，以施工项目为对象的质量计划称为施工质量计划。

高速公路现行施工质量计划的方式，在我国除了已经建立质量管理体系的部分施工企

业直接采用施工质量计划的方式外，通常还普遍使用工程项目施工组织设计或在施工项目管理实施规划中包含质量计划的内容。因此，现行的施工质量计划有三种方式：工程项目施工质量计划；工程项目施工组织设计；施工项目管理实施规划。高速公路施工组织设计或施工项目管理实施规划之所以能发挥施工质量计划的作用，是因为根据高速公路生产的技术经济特点，每个工程项目都需要进行施工生产过程的组织与计划，包括施工质量、进度、成本、安全等目标的设定，控制计划和控制措施的安排等。因此，施工质量计划所要求的内容，理所当然地被包含于施工组织设计或项目管理实施规划中，而且能够充分体现施工项目管理目标的关联性、制约性和整体性，这也和全面质量管理的思想方法相一致。

在已经建立质量管理体系的情况下，高速公路施工质量计划的基本内容必须全面体现和落实高速公路施工企业质量管理体系文件的要求，编制程序、内容和编制依据要符合有关规定，同时结合工程项目的特点，在质量计划中编写专项管理要求。高速公路施工质量计划的基本内容一般应包括以下八点：

一是工程特点及施工条件分析；

二是质量总目标及其分解目标；

三是质量管理组织机构和职责、人员及资源配置计划；

四是确定施工工艺与操作方法的技术方案和施工任务的流程组织方案；

五是施工材料、设备物资等的质量管理及控制措施；

六是施工质量检验、检测、试验工作的计划安排及其实施方法与接收准则；

七是施工质量控制点及其跟踪控制的方式与要求；

八是记录的要求等。

（三）施工质量计划的审批程序与执行

高速公路施工单位的项目施工质量计划或施工组织设计文件编成后，应按照工程施工管理程序进行审批，包括施工企业内部的审批和项目监理机构的审查。

高速公路企业内部的审批，是指高速公路施工单位的项目施工质量计划或施工组织设计的编制与审批，应根据企业质量管理程序性文件规定的权限和流程进行。通常是由项目经理部主持编制，报企业组织管理层批准，并报送项目监理机构核准确认。

高速公路施工质量计划或施工组织设计文件的审批过程，是高速公路施工企业自主技术决策和管理决策的过程，也是发挥企业职能部门与施工项目管理团队的智慧和经验的过程。

高速公路监理工程师的审查，是指实施工程监理的高速公路施工项目，施工承包单位必须填写"施工组织设计（方案）报审表"并附施工组织设计（方案），报送项目监理机构审查。在工程开工前，总监理工程师应组织专业监理工程师审查承包单位报送的施工组织设计（方案）报审表，提出意见，并经总监理工程师审核，签认后报建设单位。

正确执行施工质量计划的审批程序，是正确理解工程质量目标和要求，保证施工部署、技术工艺方案和组织管理措施合理性、先进性和经济性的重要环节，也是进行施工质量事前预控的重要方法。因此，在执行审批程序时，必须正确处理施工企业内部审批和监理工程师审批的关系，其基本原则如下：

一是充分发挥质量自控主体和监控主体的共同作用，在坚持项目质量标准和质量控制能力的前提下，正确处理承包人利益和项目利益的关系；施工企业内部的审批首先应从履行工程承包合同的角度，审查实现合同质量目标的合理性和可行性，以项目质量计划向发包方提供信任。

二是施工质量计划在审批过程中，对监理工程师审查所提出的建议、希望、要求等意见是否采纳以及采纳的程度，应由负责质量计划编制的施工单位自主决策。在满足合同和相关法规要求的情况下，确定质量计划的调整、修改和优化，并承担相应执行结果的责任。

三是经过按规定程序审查批准的施工质量计划，在实施过程如因条件变化需要对某些重要决定进行修改时，其修改内容仍应按照相应程序经过审批后执行。

（四）施工质量控制点的设置与管理

高速公路施工质量控制点的设置是施工质量计划的重要组成内容。高速公路施工质量控制点是施工质量控制的重点，凡属高速公路关键技术、重要部位、控制难度大、影响大、经验欠缺的施工内容以及新材料、新技术、新工艺、新设备等，均可列为高速公路质量控制点，实施重点控制。针对质量控制点，需要关注以下两点：

1. 质量控制点的设置

高速公路施工质量控制点的设置，是根据高速公路工程项目施工管理的基本程序，结合项目特点，在制订项目总体质量计划后，列出各基本施工过程对局部和总体质量水平有影响的项目，作为具体实施的质量控制点。如高速公路施工质量管理中，基坑支护与地基处理、工程测量与沉降观测、大体积钢筋混凝土施工、工程的防排水、钢结构的制作、焊接及检测、大型设备吊装及有关分部分项工程中必须进行重点控制的内容或部位，可列为质量控制点。高速公路工程采用的新材料、新技术、新工艺、新设备要有具体的施工方案、技术标准、材料要求、质量检验措施等，也必须列入专项质量控制点。

通过质量控制点的设定，高速公路质量控制的目标及工作重点就能更加明晰。事前质量预控的措施也就更加明确。施工质量控制点的事前质量预控工作包括：明确质量控制的目标与控制参数；制定技术规程和控制措施，如施工操作规程及质量检测评定标准；确定质量检查检验方式及抽样的数量与方法；明确检查结果的判断标准及质量记录与信息反馈要求等。

2. 质量控制点的实施

高速公路施工质量控制点的实施主要是通过控制点的动态设置和动态跟踪管理来实现。所谓动态设置，是指一般情况下在高速公路工程开工前、设计交底和图纸会审时，可确定一批整个项目的质量控制点，随着工程的展开、施工条件的变化，随时或定期进行控制点范围的调整和更新。动态跟踪是应用动态控制原理，落实专人负责跟踪和记录控制点质量控制的状态和效果，并及时向项目管理组织的高层管理者反馈质量控制信息，保持施工质量控制点的受控状态。

实施高速公路监理的施工项目，应根据现场工程监理机构的要求，对施工作业质量控制点，按照不同的性质和管理要求，细分为"见证点"和"待检点"进行施工质量的监督和检查。凡属"见证点"的施工作业，如重要部位、特种作业、专门工艺等，施工方必须在该项作业开始前 24 小时，书面通知现场监理机构到位旁站，见证施工作业过程；凡属"待检点"的施工作业，如隐蔽工程等，施工方必须在完成施工质量自检的基础上，提前 24 小时通知项目监理机构进行检查验收之后，才能进行工程隐蔽或下道工序的施工。未经过项目监理机构检查验收合格，不得进行工程隐蔽或下道工序的施工。

三、高速公路项目质量控制的主要途径

高速公路项目施工分别通过事前预控、过程控制和事后控制的相关途径进行质量控制。也就是说，高速公路施工质量控制的途径包括：事前预控途径、事中控制途径和事后控制途径。具体如下在：

（一）施工质量的事前预控途径

高速公路事前预控途径是以施工准备工作为核心，包括开工前的施工准备、作业活动前的施工准备和特殊施工准备等工作质量的控制。就整个高速公路项目而言，施工质量的事前预控途径如下：

1. 施工条件的调查和分析

包括合同条件、法规条件和现场条件；做好施工条件的调查和分析，发挥其重要的质量预控作用。

2. 施工图纸会审和设计交底

理解设计意图和对施工的要求，明确质量控制的重点、要点和难点，以及消除施工图纸的差错等。因此，严格进行设计交底和图纸会审，具有重要的事前预控作用。

3. 施工组织设计文件的编制与审查

高速公路施工组织设计文件是直接指导高速公路现场施工作业技术活动和管理工作的纲领性文件。高速公路工程项目施工组织设计是以施工技术方案为核心，通盘考虑施工程序，施工质量、进度、成本和安全目标的要求。科学合理的施工组织设计对于有效地配置合格的施工生产要素、规范施工作业技术活动行为和管理行为，将起到重要的导向作用。

4. 工程测量定位和标高基准点的控制

高速公路施工单位必须按照设计文件所确定的工程测量定位及标高的引测依据，建立工程测量基准点，自行做好技术复核，并报告项目监理机构进行监督检查。

5. 施工分包单位的选择和资质的审查

对分包商资格与能力的控制是保证高速公路工程施工质量的重要方面。确定分包内容、选择分包单位及分包方式既直接关系到施工总承包方的利益和风险，更关系到高速公路质量的保证问题。因此，施工总承包企业必须有健全有效的分包选择程序，同时，按照我国现行法规的规定，在订立分包合同前，施工单位必须将所联络的分包商情况，报送项目监理机构进行资格审查。

6. 材料设备和部品采购质量控制

建筑材料、构配件、部品和设备是直接构成高速公路工程实体的物质，应从施工备料开始进行控制，包括对供货厂商的评审、询价、采购计划与方式的控制等。因此，施工承包单位必须有健全有效的采购控制程序，同时，按我国现行法规规定，主要材料设备采购前必须将采购计划报送工程监理机构审查，实施采购质量预控。

7. 施工机械设备及工器具的配置与性能控制

高速公路施工机械设备、设施、工器具等施工生产手段的配置及其性能，对高速公路施工质量、安全、进度和施工成本有重要的影响，应在施工组织设计过程根据施工方案的要求来确定，施工组织设计批准之后应对其落实的状态进行检查控制，以保证技术预案的质量能力。

（二）施工质量的事中控制途径

在高速公路项目施工中展开过程质量控制，是最基本的控制途径。此外，还必须抓好与作业工序质量形成相关的配套技术与管理工作，相应的主要途径如下：

1. 施工技术复核

高速公路施工技术复核是施工过程中保证各项技术基准正确性的重要措施，凡属轴线、标高、配方、样板、加工图等用作施工依据的技术工作，都要进行严格复核。

2. 施工计量管理

高速公路施工过程计量工作包括投料计量、检测计量等，其正确性与可靠性直接关系到工程质量的形成和客观的效果评价。因此，高速公路施工全过程必须坚持对计量人员资格、计量程序和计量器具的准确性等进行控制。

3. 见证取样送检

为了保证高速公路质量，我国规定对工程所使用的主要材料、半成品、构配件以及施工过程留置的试块、试件等应实行现场见证取样送检。见证人员由建设单位及工程监理机构中有相关专业知识的人员担任；送检的试验室应具备经国家或地方工程检验检测主管部门批准的相关资质；见证取样送检必须严格执行规定的程序进行，包括取样见证并记录，样本编号、填单、封箱，送试验室，核对、交接、试验检测、报告。

4. 技术核定和设计变更

在高速公路项目施工过程中，因施工方对施工图纸的某些要求不甚明白，或图纸内部的某些矛盾，或施工配料调整与代用、改变桥梁位置或路线走向等，需要通过设计单位明确或确认的，施工方必须以技术核定单的方式向监理工程师提出，报送设计单位核准确认。

在施工期间，无论是建设单位、设计单位或施工单位提出，需要进行局部设计变更的内容，都必须按照规定的程序，先将变更意图或请求报送监理工程师，经设计单位审核认可并签发《设计变更通知书》后，由监理工程师下达《变更指令》。

（三）施工质量的事后控制途径

施工质量的事后控制，主要是进行已完施工的成品保护、质量验收和不合格的处理，以保证最终验收的高速公路工程质量。

四、高速公路项目质量验收

高速公路工程项目质量验收是对已完工程实体的内在及外观施工质量，按规定程序检查后，确认其是否符合设计及各项验收标准的要求，是否可交付使用的一个重要环节。正确地进行高速公路工程项目质量的检查评定和验收，是保证工程质量的重要手段。高速公路施工质量验收包括施工过程的质量验收及工程竣工时的质量验收。

高速公路施工质量验收分为检验批、分项工程、分部工程、单位工程的质量验收。在每一个专业工程施工质量验收规范中，又明确规定了各分项工程施工质量的基本要求，规定了分项工程检验批量的抽查办法和抽查数量，规定了检验批主控项目、一般项目的检查内容和允许偏差，规定了对主控项目、一般项目的检验方法，规定了各分部工程验收的方法和需要的技术资料等，同时对涉及人民生命财产安全、人身健康、环境保护和公共利益的内容以强制性条文做出规定，要求必须坚决、严格遵照执行。

高速公路检验批和分项工程是质量验收的基本单元，分部工程是在所含全部分项工程验收的基础上进行验收的，它们是在施工过程中随完工随验收，并留下完整的质量验收记录和资料。单位工程作为具有独立使用功能的完整的高速公路，进行竣工质量验收。

（一）施工过程质量验收的内容

通过验收后留下完整的高速公路质量验收记录和资料，为工程项目竣工质量验收提供依据。高速公路施工过程的质量验收主要包括以下验收环节：

1. 检验批质量验收

所谓高速公路检验批是指按同一的生产条件或按规定的方式汇总起来供检验用的，由一定数量样本组成的检验体。

主控项目是指高速公路工程中对安全、卫生、环境保护和公众利益起决定性作用的检验项目。因此，高速公路主控项目的验收必须从严要求，不允许有不符合要求的检验结果，主控项目的检查具有否决权。除主控项目以外的检验项目称为一般项目。

2. 分项工程质量验收

高速公路分项工程应按主要工种、材料、施工工艺、设备类别等进行划分。

3. 分部工程质量验收

高速公路分部工程的划分应按专业性质、工程部位确定；当分部工程较大或较复杂时，可按材料种类、施工特点、施工程序、专业系统及类别等分为若干子分部工程。

4. 观感质量验收应符合要求

必须注意的是，由于高速公路分部工程所含的各分项工程性质不同，因此，它并不是在所含分项验收基础上的简单相加，即所含分项验收合格且质量控制资料完整，只是分部工程质量验收的基本条件，还必须在此基础上对涉及安全和使用功能的分部工程进行见证取样试验或抽样检测。而且需要对其观感质量进行验收，并综合给出质量评价，观感差的检查点应通过返修处理等补救。

（二）施工过程质量验收不合格的处理

高速公路施工过程的质量验收是以检验批的施工质量为基本验收单元。检验批质量不合格可能是由于使用的材料不合格，或施工作业质量不合格，或质量控制资料不完整等所致。针对不合格处理方法如下：

一是在检验批验收时，对严重的缺陷应推倒重来，一般的缺陷通过翻修或更换器具、设备予以解决后重新进行验收。

二是个别检验批发现试块强度等不满足要求等难以确定是否验收时，应请有资质的法定检测单位检测鉴定，当鉴定结果能够达到设计要求时，应通过验收。

三是当检测鉴定达不到设计要求，但经原设计单位核算仍能满足结构安全和使用功能的检验批，可予以验收。

四是严重质量缺陷或超过检验批范围内的缺陷，经法定检测单位检测鉴定以后，不能满足最低限度的安全储备和使用功能，则必须进行加固处理，虽然改变外形尺寸，但能满足安全使用要求，可按技术处理方案和协商文件进行验收，责任方应承担经济责任。

五是通过返修或加固后处理仍不能满足安全使用要求的分部工程、单位工程，严禁验收。

参考文献

［1］戴步卿. 论公路工程施工技术与管理［M］. 石家庄：河北科学技术出版社，2007.

［2］彭效援. 最新公路与桥梁工程一级施工实用技术与管理［M］. 长春：吉林人民出版社，2001.

［3］边疆. 公路工程施工技术与管理［M］. 南京：河海大学出版社，2014.

［4］刘福宏. 市政公路工程施工技术及管理［M］. 北京：中国建筑工业出版社，2016.

［5］罗春德，尹雪云，李文. 公路桥梁工程施工技术与养护管理［M］. 长春：吉林科学技术出版社，2022.

［6］刘洋，施竹青. 公路工程施工技术与项目管理研究［M］. 延吉：延边大学出版社，2020.

［7］宋宏伟，洪启华，洪俊财. 公路桥梁工程施工技术研究及项目管理［M］. 北京：中国石化出版社，2022.

［8］刘文建，谢山海，黄智广. 工程建设理论与实践丛书高速公路工程施工技术与安全管理［M］. 武汉：华中科技大学出版社，2022.

［9］艾芃杉，邢敬林，刘秀. 公路工程施工技术与安全管理［M］. 延吉：延边大学出版社，2018.

［10］黄守刚，张慧丽. 公路工程施工管理与技术［M］. 石家庄：河北人民出版社，2012.

［11］梁方礼. 同三公路工程施工管理技术［M］. 哈尔滨：东北林业大学出版社，1994.

［12］王松波. 公路工程项目管理系统与信息网络化技术公路工程施工现场技术［M］. 北京：人民交通出版社，2014.

［13］赵存明，卢立波. 交通建设工程安全技术教程公路隧道施工安全技术管理［M］. 北京：人民交通出版社，2012.

［14］邢恩泰，田晓明. 黑龙江省哈大高速公路扩建工程工程技术管理与施工监理［M］. 哈尔滨：黑龙江人民出版社，1997.

［15］卢利群，高翔. 公路工程建设管理丛书公路工程文明施工指南［M］. 成都：西南交通大学出版社，2020.

［16］任传林，王轶君，薛飞. 公路工程施工技术［M］. 长春：吉林科学技术出版社，2019.

［17］武彦芳. 公路工程施工组织设计［M］. 重庆：重庆大学出版社，2020.

［18］王秀敏，葛宁. 公路工程施工组织与管理［M］. 天津：天津大学出版社，2018.

［19］徐静涛. 公路工程施工监理［M］. 2 版. 北京：北京理工大学出版社，2020.

［20］陈春玲，刘明，李冬子. 公路工程建设与路桥隧道施工管理［M］. 汕头：汕头大学出版社，2021.

［21］汪双杰，刘戈，纳启财. 多年冻土区公路工程施工关键技术［M］. 上海：上海科学技术出版社，2019.

［22］彭东黎. 公路工程招投标与合同管理［M］. 3 版. 重庆：重庆大学出版社，2021.

［23］冯少杰，高辉，孙成银. 公路桥梁隧道施工与工程管理［M］. 长春：吉林科学技术出版社，2021.

［24］张少华. 公路桥梁工程与项目管理［M］. 北京：北京理工大学出版社，2019.

［25］王旻，张振和. 图解公路工程施工技术［M］. 北京：机械工业出版社，2020.

［26］郝铭. 公路工程施工技术与质量控制［M］. 北京：北京工业大学出版社，2019.

［27］王磊. 公路工程施工与建设［M］. 长春：吉林科学技术出版社，2021.

［28］杨彦海. 道路工程施工技术［M］. 沈阳：东北大学出版社，2020.

［29］李海贤，杨兴志，赵永钢. 公路工程施工与项目管理［M］. 长春：吉林科学技术出版社，2021.

［30］李涛，冯虎，王理民. 公路施工与养护管理基础工作研究［M］. 长春：吉林科学技术出版社，2019.